文化とまちづくり叢書

パイオニアたちは未来にどう挑んだのか

まちづくり人国記

「地域開発ニュース」編集部 編

水曜社

はじめに

今さら「民間活力」の導入を叫ぶまでもない。古来我が国の「まちづくり」は民間から輩出した人々の「活力」によって牽引されてきた。特に江戸期以降の時代にあっては多士済々の多能異能の人々が、我が身の知恵を限りに腕を奮い、風土に根ざしたまちづくりを行ってきたのである。近代日本の地域開発は人間力によって推進されてきた。

本書では、自らを活かし、また人を活かしながら地域創成に取り組んだ近世以降の先覚者たちを紹介している。時代を切り開いた34人の発想、決断、実践に焦点を当てた。彼らの事績を振り返るなかから、現代にこそ求められる地域本位のまちづくり、すなわち生活者の視点に立った本来的な「開発」のヒントが浮かび上がってくるのではないかと思う。

まちづくり関係者はもちろん、歴史ファンにも十分楽しめるはずである。近代から現代への橋渡しをしてくれたまちづくりのパイオニアたちの苦心、健闘の足跡をたどっていただければ幸いである。

＊本書は、東京電力発行「地域開発ニュース」の連載「まちづくり人国記」をまとめたものである。

目次

第1章 俊才たちの江戸――――11

豊臣秀次 12
近江八幡を町民本位の商業都市にした青年大名

紀州渡りの漁師たち 20
先進の漁法と文化を房総にもたらした海の男
（生活史家 古山豊）

伊奈忠治 27
新田開発によって幕府財政を潤した開発型代官
（郷土史家 本間清利）

玉川兄弟 34
江戸に世界一の水道を開通した土木エキスパート
（作家 石川英輔）

河村瑞賢 39
海運整備で東西の流通を活性化した江戸商人
（東北大学名誉教授 渡辺信夫〈故人〉）

西暦	できごと
1590	豊臣秀吉、天下統一
1600	関ヶ原の戦い
1603	徳川家康、征夷大将軍となる
1643	田畑永代売買の禁令
1673	分地制限令

1600

1700

田中丘隅 *45*
民活による川崎復興で吉宗に評価された行政の達人
（生活史家　吉田豊）
川崎平右衛門定孝 *52*
大岡越前に抜擢された武蔵野新田開発の再興者
長谷川平蔵 *60*
江戸の治安を回復させた近代的福祉施設の創立者

第2章 開国前夜

67
伊能忠敬 *68*
ニーズを先取りし日本を実測した老商人
（伊能忠敬研究会名誉代表　渡辺一郎）
永井長治郎 *75*
日本最古の廻り舞台を赤城に残した水車大工
（群馬県立文書館嘱託　瀧沢典枝）

1716	徳川吉宗が将軍となる（正徳の治始まる）
1732	享保の大飢饉
1782	天明の大飢饉
1787	松平定信が老中となる（寛政の改革始まる）
1792	ロシア使節ラックスマン、根室に来航
1825	異国船打払令

1800

久米栄左衛門　81
先進知識で坂出を再生した科学技術者
鈴木牧之　88
雪国の暮らしと人々を活写した文人
（新潟県立文書館文書調査員　本田雄二）
二宮金次郎　94
「まちづくり」の精神で荒村を復興した農政家
（小説家　童門冬二）
堀田正睦　101
蘭学の都・佐倉で人材育成に賭けた開明派大名
江川坦庵　110
韮山から日本の近代化を見すえた幕末の俊才
（文学博士　仲田正之）

1833　天保の大飢饉
1839　蛮社の獄
1853　ペリー、浦賀に来航
1858　日米修好通商条約調印
福沢諭吉、私塾を開く
1867　大政奉還

第3章 和魂洋才の時代——111

大島高任 112
「鉄のまち」釜石をつくったテクノクラート

平野弥十郎 126
横浜文化の地ならしをした進取の土木請負人

エドモンド・モレル 134
新橋・横浜間に鉄道を敷いたお雇い外国人
（交通史研究家 沢和哉）

金谷善一郎・真一 140
親子二代でリゾート地の礎を築いた日光の名士

保晃会 148
日光の美を保存した文化財保護の先駆者たち
（栃木県立茂木高等学校教諭 石川明範）

高野正誠・土屋助次郎 154
山梨にワイン郷を開いたフランス帰りの醸造家
（作家 鬼丸智彦）

金原明善 160
暴れ川天竜を治めた植林のアイディアマン
（児童文学作家 赤座憲久）

1868	戊辰戦争始まる
1871	廃藩置県
	岩倉遣外使節団
1872	富岡製糸場開業
1877	西南戦争
1880	官営工場払い下げ概則
1889	大日本帝国憲法発布
1890	第1回帝国議会開会

第4章
世界に伍する——167

岩崎彌之助 168
丸の内をビジネスセンターに育てた先見の経営者

道永えい 175
もてなしの心で日露の架け橋となった「長崎の女王」

大原孫三郎 182
倉敷を近代化したフィランソロピーの先覚者

小川芋銭 190
牛久沼の河童を「観光資源」にした文人画家
（ジャーナリスト 宮崎隆典）

宗像利吉 198
福島の寒村を葉たばこの一大生産地にした「農聖」
（大越町史編纂専門委員 芳賀忠）

1894	日清戦争始まる
1901	八幡製鉄所操業開始
1902	日英同盟締結
1904	日露戦争始まる
1906	鉄道国有法
1911	関税自主権を回復
1914	第一次世界大戦に参戦

1900

第5章 共生する都市へ——205

本多静六 206
都心に「神宮の森」を出現させた林学博士
（本多静六博士を記念する会事務局 渋谷克美）

後藤新平 212
縦割り行政を打ち破った近代都市東京の建設者
（作家、明治大学公共政策大学院教授 郷仙太郎〈本名 青山佾〉）

渋沢秀雄 219
都市と田園を結合させた「田園調布」のデザイナー

関 一 226
理想の都市像を追い続けた近代大阪のプロデューサー

ポール・ラッシュ 234
清里を酪農王国にした「豊かなアメリカ」の伝道者

石川栄耀 242
「新宿歌舞伎町」を誕生させた都市プランナー
（関東学院大学工学部教授 昌子住江）

井栗 登 249
原生林「芦生ブランド」を守り生かした森の智者
（京都大学大学院人間・環境学研究科教授 福井勝義）

1923	関東大震災
1937	日中戦争始まる
1941	太平洋戦争始まる
1945	日本のポツダム宣言受諾により終戦
1950	文化財保護法
1956	国連加盟
1961	農業基本法
1968	GNPが資本主義国第2位に

第1章
俊才たちの江戸

豊臣秀次
紀州渡りの漁師たち
伊奈忠治
玉川兄弟
河村瑞賢
田中丘隅
川崎平右衛門定孝
長谷川平蔵

近江八幡を町民本位の商業都市にした青年大名

豊臣秀次

とよとみ・ひでつぐ　1568〜1595。豊臣秀吉の甥で、通称孫七郎。1585年、秀吉から近江に43万石を与えられ、八幡山に城を築く。1591年には秀吉から関白職を譲られるが、1595年に謀反の罪で切腹させられた。能の注釈書を編ませるなど、伝統文化の保存に尽力した。

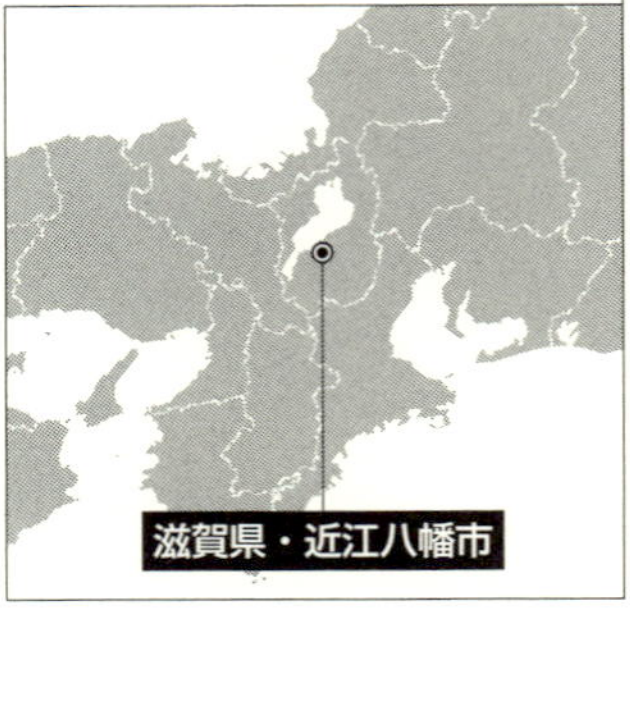

琵琶湖の東南部に位置する滋賀県近江《おうみ》八幡《はちまん》市。湖岸にそびえる八幡山のふもとには、近世に築かれた碁盤目状のまちなみが残り、江戸時代中期から明治時代に建てられた商家が今も軒を連ねる。堀や街道に沿って白壁の蔵が建ち並ぶ様は、ベンチャー精神を発揮して全国規模での商品流通に携わり、日本経済の発展に大きな役割を果たしてきた近江商人の往時の隆盛を現代に伝えている。

その繁栄の歴史の礎は、自国内を通貫する中山道《なかせんどう》・東海道・北国街道上の要衝や琵琶湖舟運といった地の利を巧みに取り入れた都市計画にあった。16世紀末、43万石（注1）の城主として八幡町開町に尽力したのが、戦国時代の覇者豊臣秀吉の甥、豊臣秀次で

注1
米穀を量る単位に用いられ、1石は約180ℓ。江戸時代には、幕府や藩から給料として与えられる土地（あるいは米）の単位でもあった。

ある。

豊臣秀吉の甥

1568（永禄11）年、秀次は、秀吉の姉であるともと三好吉房《みよしよしふさ》の長男として尾張《おわり》国大高村（現・愛知県名古屋市緑区大高町）に生まれた。秀吉の甥であるがゆえに、本来なら尾張の片田舎で平凡に送られたであろう彼の一生は波乱に富んだものとなる。叔父秀吉は織田信長軍団の中枢にあり、力をつけて出世するにつれて兄弟縁者をその幕僚として次々と取り立てていった。

豊臣秀次像（京都瑞泉寺蔵）

秀次もまた政略のため、秀吉の意向によって10歳で宮部継潤《みやべけいじゅん》へ、その後、12歳で三好康長《やすなが》の養子へと転じている。そして14歳の時には、子宝に恵まれなかった秀吉の7番目の養子となった。

武将としての秀次は小心で秀吉にとって歯がゆかったようだが、数少ない身内として、次第にその存在感を大きくしていった。1585（天正13）年には、四国平定での戦功が認められ、これをきっかけに蒲生郡を中心とした近江国の大半、本人分20万石、宿老分を合わせた43万石の城主として、現在の近江八幡市一帯の支配を命ぜられる。秀次18歳の時のことである。

どちらかというと学問を好み文官肌であった秀次は、その後、都市計画においてその才能をいかんなく発揮し、大事業を次々に成功させていくことになる。

近江八幡を切り拓く

まずは、八幡山の山頂に城を築造するとともに、八幡山を囲む内濠である八幡堀の掘削に着手した。城下町の西半分にあった沼沢地は内濠から出た土砂をもって埋め立て、宅地造成を行っている。当時の八幡町のまちづくりはまさにゼロからスタートしたのである。

通常の城下町は軍備上、T字路や袋小路、カギ型路を設けて迷路化し、道路が直進することはほとんどない。ところが近江八幡では交通の便をよくするためあえて、縦筋が12、横筋が4（一部6筋）といずれも直進する碁盤目状の町割とした。また、江戸と京・大坂を結ぶ幹線道路の一つである下街道（朝鮮人街道）を城下町へ引き込み新しい道路の整備を図り、下街道を往還する旅人を八幡町へ誘引した。まちの周囲に神社を配置し、塀を高くすることで合戦時には砦になるよう配慮されていたが、秀次は近江八幡の城下町を軍事的観点からというよりも、商業の発展を優先に考えていた。

東から2筋目までは、鉄砲町・鍛治屋町などの職人町区域、3筋目から西10筋は商業区域とし、まちなみの細部に至るまで気を配り、機能重視のまちづくり計画を練っ

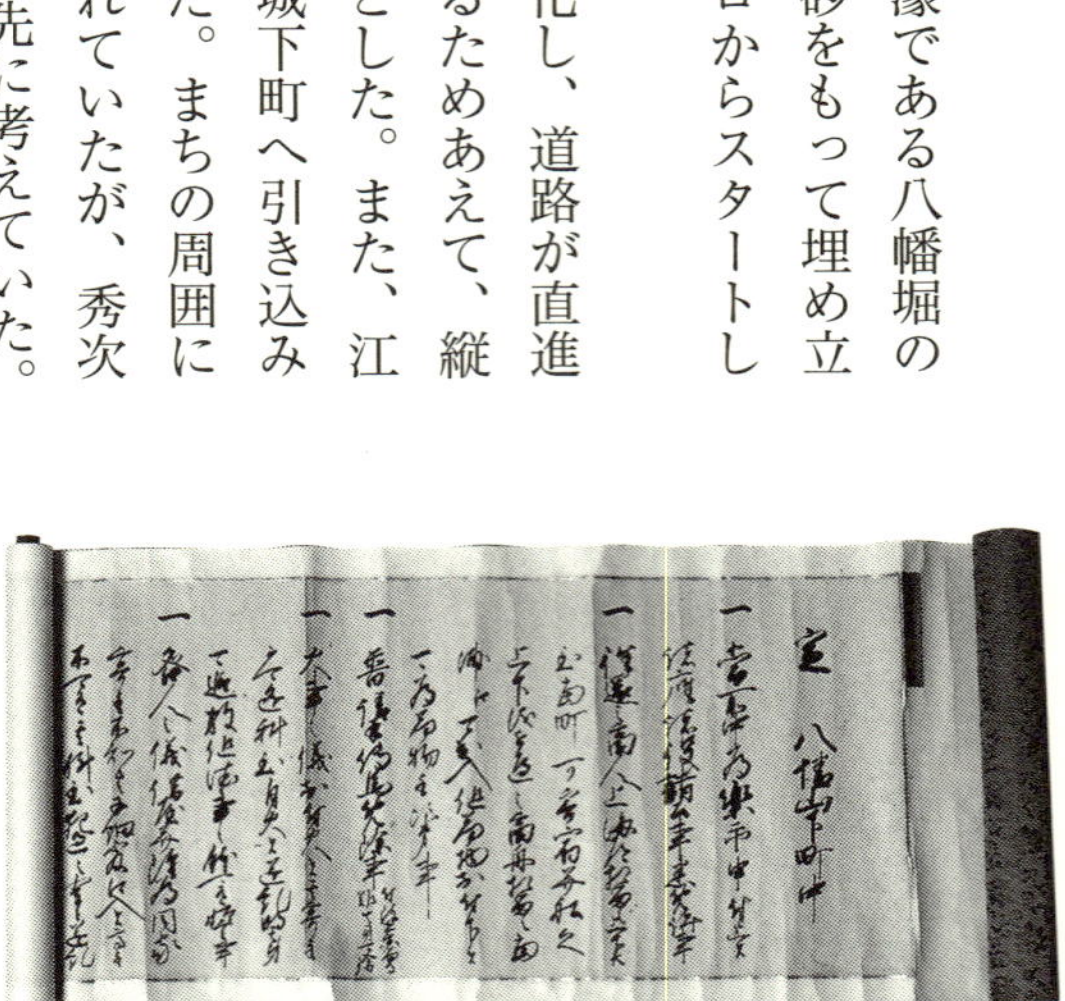

「八幡山下町十三ヵ条掟書」の一部。文書は4枚の継紙に書かれ、継ぎ目の3ヵ所に秀次の花押（かおう／書判）がある（近江八幡市蔵）

ている。仲買商人（問屋）だけを集めて仲屋町に、玉屋町・池田町といった花街は西部の一角に、下街道の東の出入口にあたる縄手町や西の入り口近くの板屋町・北末町には旅籠《はたご》をといった具合だ。武家町と商工業者だけでなく、商人と職人の住む空間も分け、それぞれの商売の目的や便がよいような工夫をこらした。「町民本位のまちづくり」ともいえる。

自由商業都市を宣言

翌1586（天正14）年、秀次は「八幡山下町十三ヵ条掟書」を公布する。かつて織田信長が、安土《あづち》の商工業発展のために城下町に出した掟書を踏襲したものである。

掟書のなかではまず、商人や職人に屋敷地を無償で貸与し、諸役免除（無税）にする楽市楽座《らくいちらくざ》をうたった。当時は市座の制度があり、「座（塩座、紙座等）」に加入する商人でなければ「市」での商売を許されなかったが、誰もが自由に商売をしてよいという特権を与えたのである。さらに、八幡町の町民は商人だけに限らず職人や雇われている奉公人についても、使役を免除した。道普請、橋梁修理、通路清掃など、強制的な無給就労にまちの人々を使役しないと約束したのだ。

秀次の提唱には、八幡風にアレンジされた部分もある。城下町往還の商人の寄宿を陸路のみに限定せず、付近の湖上を通過する商船も八幡浦（八幡堀）に立ち寄るべきことを定めた。また、これまでの債務については、本能寺《ほんのうじ》の変の混乱を理由に帳消しにしている。ただし、質物や預かり物で消滅を免れたものについては、もとの持ち主

「八幡堀」。琵琶湖と八幡町を結ぶ運河の役割も果たした。往時はここを商船が行き来し賑わった

から訴えがあった場合、取り調べをしたうえで返すことが規定された。そのほか、安土では国中の馬売買を一つに集中させていたが、八幡町ではあらゆる市に拡大した。こうした掟書の流布は、自由商業都市を運営するうえで潤滑油の役割を果たした。

築城とまちの区画が整備された頃には新たな職や豊かな暮らしへの期待を胸に、城主を失い廃都の危機を迎えていた安土の町民をはじめ、近隣のまちや村から人々が競って八幡町に移住したという。

秀次はこうした法整備を進めるとともに、先進的なインフラ整備も行っている。背中合わせの町家と町家の間に掘られた下水溝〈背割《せわり》〉がそうである。この背割は、今日の下水道の原型をとどめるもっとも古いものとされ、新たな発想によるものだったことがわかる。まちには8本通っており、日常の生活排水や雨水、水田に使われた灌《かん》漑《がい》用水を八幡堀に直接流すことができ、保健衛生上から見ても画期的な設備といえる。

一方、低湿地を埋め立ててまちをつくった城下町の西部分は、生活用水が得にくかった。そこで秀次は、遠方から水を引き親井戸に注ぎ、親井戸から竹でつくった管を敷設し、共同井戸に分水させる方法をとった。上水道の先駆けである。この時代、上下水道完備の城下町はほかに例がない。秀次は、柔軟な思想と卓越した先見性の持ち主だったのである。

運河の機能を有した八幡堀

秀次の都市計画にあってもっとも注目すべきは内濠の役割を担う八幡堀だろう。八幡堀は、北側の武家町と城郭、南側の商人・職人町とを区切って城を防御するという軍事的な機能を持つ一方、商業の活性化を図る目的も併せ持っていた。当時、全国の物資流通の要所であった琵琶湖と、八幡堀の東西をつなぐことで、堀全体を約6㎞にわたる運河としたのである。それだけではなく、「八幡山下町十三ヵ条掟書」によって琵琶湖を通過する船団に八幡浦経由を義務づけたことは、前述したとおり。堀筋には問屋や材木屋が建ち並び、荷や人を乗せた船が直接船着場から店につけられるようにと、堀へは階段が随所に設けられた。これによって、八幡町は陸上と水上交通との連絡の場へと発展していった。

水陸両路が整備された八幡町には、毎日のように船や街道を利用して地方から多くの人々が立ち寄り、それに伴ってさまざまな物資と情報が集まった。隣町の様子を知るのでさえ大変な時代に、まちの人々が居ながらにして他地域の情報や文化に触れることが可能になったのである。そうした状況は人々に活気をもたらし、未知の世界への憧れを抱かせるのに十分な環境であったに違いない。秀次はさまざまな施策を、在城期間わずか5年の間になし遂げたのだ。

その後秀次は、1590（天正18）年に尾張清洲《きよす》（現・愛知県西春日井郡清洲町）に移り、1591（天正19）年には関白《かんぱく》に任ぜられ、名実ともに秀吉の嗣子《しし》となる。しかし、2年後に秀吉の実子である秀頼《ひでより》が生まれたことから、一転して後継者をめぐる係争に巻き込まれる。この頃から後世に伝えられるような〈殺生《せっしょう》関白〉や〈畜生《ちくしょう》関白〉といった乱行が取りざたされ、次第に秀次は追い詰められていく。秀頼を後継者

八幡山から一望した近江八幡のまちなみ。八幡山には秀次が築いた城の石垣が残っている

にしたい秀吉の意による動きが、多分に関与していると見ていいだろう。そして、関白在位わずか4年後の1595（文禄4）年、秀吉への謀反の疑いをかけられ、高野山青巌寺《せいがんじ》（現・金剛峯寺《こんごうぶじ》）にて自害させられた。享年28の儚い生涯であった。

近江商人発祥の礎を遺して

八幡山城が廃されたことによって城下町としての八幡町の歴史は終わりを告げる。保護者を失い、活路を見いだす必要に迫られた住民は、外に目を向けた。楽市楽座のもと活発に商売をしていた経験を活かし、〈天秤棒〉を担いで全国への行商に出かけた。近江商人の中核を担った八幡商人の誕生である。

地場産物の畳表、蚊帳《かや》、米、酒などを積んだ船は、八幡浦から琵琶湖を北上し塩津へ、また陸路で敦賀《つるが》の三国港から奥州《おうしゅう》、蝦夷地《えぞち》へ、あるいは大坂へ至り江戸表へと搬出した。もちろん帰路も手ぶらではない。各地の産物を持ち帰り、八幡浦を経由して再び各地へと送り出すのである。八幡町は物流ターミナルとしての機能を有した。舟運は活況を呈し、1649（慶安2）年の「江州諸浦船数帳」には、1854隻の和船が水運に用いられたと記録されている。

八幡商人は質素倹約を守りながら商売に励み、各地の地場産業復興にも尽くした。八幡町は近隣農村の商品経済の中心となりながら、商工業都市として再生し近世を通じて繁栄している。そして多い時には、約1700軒の家屋と、7000人もの人口を抱えていたという。

これらは、秀次の開削した八幡堀をはじめとした商業活性化策がもたらした大きな恩恵といえるだろう。秀次は、まちなみの策定、上下水道の敷設、街道の新設と、八幡町の人々へ多くの遺産を残した。その礎をもとに八幡町は、歴史上、多くの商人を日本津々浦々、さらには海外へと送り出している。同地が地理的に物流や情報の収集に向いていたこともさることながら、開町以来、新たな事業領域に挑戦する心意気を醸成する雰囲気がまちなかにあったことが大きいだろう。

豊臣秀次というと、素行の悪さばかりがクローズアップされることが多い。しかし、謀反自体が秀吉側の捏造《ねつぞう》であるともいわれる。無念のなかで果てたであろう秀次だが、彼の領地である近江国では評判のよい領主だったという。そして、現在においてもなお、近江八幡開町の祖としてたたえられている。

隆盛を誇った八幡商人の居宅が保存されている「新町通り」のまちなみ

主な参考文献
『豊臣秀次』(小和田哲男著／PHP研究所)『人づくり風土記』(農文協)『歴史への招待』(日本放送出版協会)

先進の漁法と文化を房総にもたらした海の男

紀州渡りの漁師たち

1555年、九十九里浜に漂着した紀州の漁師西宮久助が地引網漁法を伝えるなど、房総の漁村発展に貢献。また、紀州出身の浜口儀兵衛が1700年に「ヤマサ」醤油店を開くなど、産業や文化も伝えた。

文・古山豊　生活史家

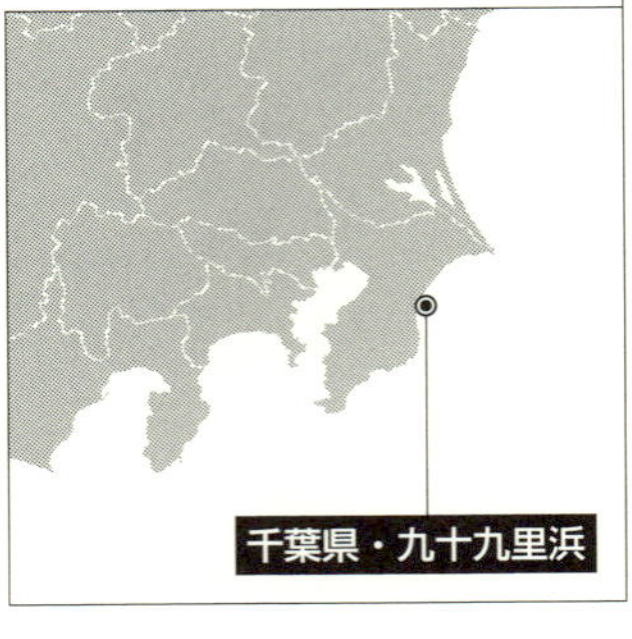

黒潮と親潮が交差する房総沖は、プランクトンが発生するため数多くの魚が集まり、江戸時代から昭和初期にかけて無尽蔵とも思えるほどの魚、特に鰯が水揚げされた。大量の鰯は東房総の津々浦々の白砂を埋め尽くし、江戸期を通じて九十九里《くじゅうくり》浜《はま》の特産物として全国にその名を轟かせた。その様子は「九十九里大漁節」に「五つとせーいつきてみてもこの浦は、粕《かす》や干鰯《ほしか》で席がない、浜大漁だねコリャコリャ」と歌われているほどである。

三方を海に囲まれている千葉県は、古来より海の幸に恵まれていた。しかし、飯岡町の刑部《ぎょうぶ》岬から岬町の太東《たいとう》崎まで、約60kmにわたって弓状の遠浅海岸が続く九十九里浜は良港に恵まれず、大型漁業と結びつくことはなかった。ところが戦国末期から近世にかけ、漁業の先進地域である関西漁民の漁法伝播により、状況は大きく変化していったのである。

関西漁民による各種漁法の伝播

九十九里浜に地引網漁法をもたらしたのは紀州の漁師西宮久助《にしのみやきゅうすけ》と伝えられている。千葉県編『房総水産図誌』（1883年）によると、「九十九里浦地曳網の起源は、一五五五（弘治元）年紀州の人西宮久助が九十九里浦南白亀《なばき》浦に漂着し剃金《そりがね》村（現・白子町剃金）長島丹後に寄寓し、本国熊野で使用している網器にならい、曳網（小地引網）をつくった」とある。

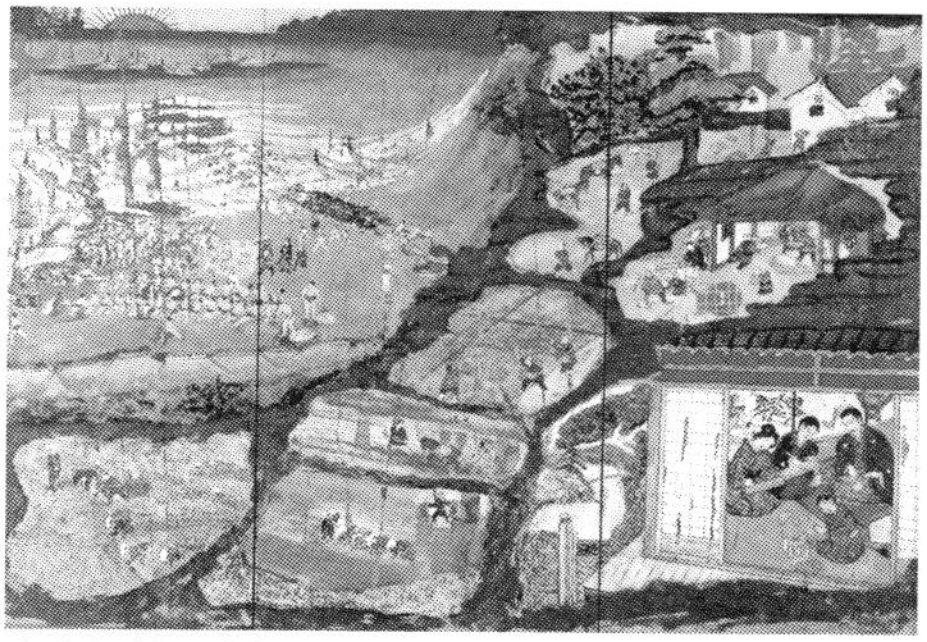
大地主（大網主）の生活を描いた絵馬。砂浜では地引網が引かれている（山武郡大網白里町南今泉稲生神社蔵）

いずれにせよ、関西漁民の東海・関東方面への進出が本格化してくるのは、江戸に幕府が開かれ、全国的に政治の安定がもたらされてからのことである。というのも当時、江戸は世界最大の人口を有する百万都市に成長し、その人口を支える食糧の供給が必要になったことが最大の要因であったからである。そのため幕府は、進んだ漁法を持つ関西漁民の関東進出を積極的に保護し、江戸近海での漁業に特権を与えたりした。
関西漁民は、主に摂津《せっつ》・和泉《いずみ》（現・大阪府）、紀伊《きい》（現・和歌山県）の人々が多かった。旅網《たびあみ》と呼ばれ、春にきて秋に帰る季節的な出稼ぎ漁業である。漁民は直接、あるいは伊豆近海で漁業をした後、次第に房総へと渡来した。その名残として、紀州（白浜・田子・栖原《すわら》・勝浦・目良《めら》）、伊豆（白浜・田子・須原）、房総（白浜・田子・須原・勝浦・布良《めら》）の3地域に、現在でも同様の地名を認めることができる。

地引網は平坦な海底と遠浅の砂浜を活かした漁法で、海岸から沖へ1里以内に網を張りまわし、2艘の船で魚群を巻いて、陸に引き上げる方法である。地引網を改良した八手網《はちだあみ》は、元和《げんな》年間（1615〜24）に紀州加太浦《かだ》（現・和歌山市）の漁師大甫七重郎《おおぼしちじゅうろう》が上総《かずさ》国川津村（現・勝浦市）で試み、その後湯浅村などの漁師が広めていったと伝えられている。この網も2艘の船によるもので、岩礁地帯でも使用できる進んだ地引網である。左船を真網船《まあみぶね》といい、ふくろ網と片網を積み、右船を逆網船《さかみぶね》といってほかの片網を積んでいた。

時代や船の大小によっても異なるが、各船とも乗組水主《かこ》は30人くらいで、網師や船頭なども乗船した。船が陸に着くと、陸には男女100余人の岡者《おかもの》（水主の家族や農民）が待っていて、乗組の水主たちと左右に分かれて網を引き、網の中の鰯を大玉網《おおたまあみ》ですくい、浜辺に水揚げをするというものである。外房では九十九里浜のほか、小浜、塩田、岩和田《いわわだ》、前原などで発展していった。

八手網をさらに改良したものにまかせ網（旋網《まきあみ》）がある。これもほぼ同時期に紀州、摂津の漁民たちが伝えたものである。この漁法は、網裾が水底に密着することなく水中で浮いている状態で魚群を取り囲み、その後、網の下縁と側縁を水中で操作して網を袋状にし、魚をできるだけ逃げ出せないようにして網を揚げるというものである。この優れた漁法は沖合いでの操業を可能にし、元禄（１６８８～１７０４）から享保年間（１７１６～36）に盛んに用いられ、近世を通じて主要な漁法の一つになった。

一方、紀州漁民たちは、漁法以外にも産業や文化などを伝えた。一例を挙げると１６５８（万治元）年、崎山次郎右衛門によって銚子の高神村外川浦に港が築かれ、１７００（元禄13）年には浜口儀兵衛《ぎへえ》によって「ヤマサ」醤油店が開かれた。さらに、熊野神社と信仰を広めたのも紀州渡来の人々であった。

元禄地震と地元網主による盛期漁業の発展

各種漁法の伝播は、九十九里浦のみならず房総の漁村を飛躍的に発展させた。ところが１７０３（元禄16）年12月31日の深夜、突如として房総野島崎沖を震源とする巨大地震が発生した。地震は大津波を起こしたため、海岸村々の漁船・漁具類はもちろんのこと、納屋やそこに住む人々までも押し流し、軌道に乗った漁業に壊滅的ともいえるほどの打撃を与えた。

筆者が古文書などを調査・分析したところでは、千葉県下だけでも４５００人ほどの溺死者を確認している。地震後３００余年を経過した今日でも、当時の津波犠牲者

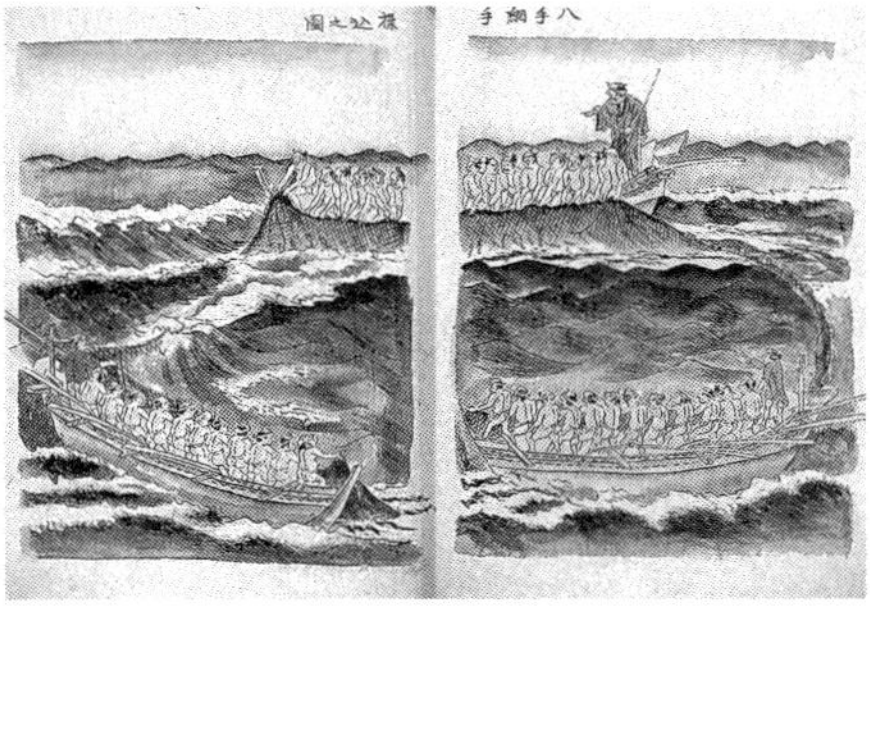

『房総水産図誌』に描かれた三艘張り八手網漁法（国文学研究資料館史料館）

を合同供養した「百人塚」「千人塚」「津波供養碑」などを九十九里浜南部や外房沿岸で多数見ることができる。地震の被害をまともに受けたのが出稼ぎの関西漁民であった。彼らは、この地震を境に帰郷する者が多かった。

　地元網主や漁民の痛手も大きかったが、豊漁期が続いたこともあり、房総沿岸は長期間かけ、地元漁民の手によって次第に復興されていった。

　江戸時代から昭和初期にかけての房総沿岸には、5度の豊漁期が訪れている。地元漁民の力による大漁は第３、第４豊漁期（文化年間［１８０４〜18］〜明治初期）であり、江戸期を通じて最盛期となった。

　網から揚げられた鰯は、当初砂浜に敷かれた筵《むしろ》の上で天日干し（春夏は10〜15日、秋冬は25〜30日程度）されたが、大漁が続くと直接白砂上で干された後、俵に詰められて江戸や東浦賀の干鰯問屋を通じて東海・関西へ出荷された。

　干鰯と〆粕《しめかす》は稲作のほか、商品価値の高い四木《しぼく》（茶・桑・漆《うるし》・楮《こうぞ》）や三草（藍《あい》・麻・木棉または藍・麻・紅花）などの栽培に用いられ、需要はますます高まっていった。取り分け棉《わた》、衣料原料としての木棉栽培は関西やその周辺地域の農村需要を満たし、飛ぶように売れていった。

　ちなみに干鰯の取引値段を九十九里の飯高家「干鰯地売帳」で見ると、１８６２（文久２）年には1俵1分2朱だったものが、１８６９（明治２）年にはなんと1両2分という高値で取引されていることがわかる。当時の平均で3〜5俵が1両程度だったことを考えると、九十九里の干鰯はかなり高い金肥《きんぴ》だったことがわかる。

1777（安永6）年、佐藤信季《のぶすえ》は『漁村維持法』で「九十九里浜にて年々およそ三〇万金の鰯を漁し海浜すこぶる豊饒なり、予あまねく四海を遊歴して地曳網に働く者を見ること多し、しかれども諸国の漁事九十九里の地曳にしくものなし」と書いている。子の信淵《のぶひろ》もその著『経済要録』（1827年）のなかで、太東崎より銚子の犬《いぬ》吠《ぼう》岬までの間で、漁猟で生活する人4万余戸、網主300余家に及ぶと記しているほど繁栄を誇っていた。前述の九十九里粟生《あお》村の網主飯高家は大網主の典型であり、惣《そう》兵《べ》衛《え》は村役人も務めた。各地より文人・墨客を招いただけでなく、自らも俳句を詠み、瀾陵《はりょう》と号し、古稀の祝に『瀾陵集』上下（1804年）を記念出版している文化人であった。

終わりに

450年ほど前に遠浅の海岸地形を活かした地引網漁法を伝えた紀州漁民の渡来により、房総大型漁業は夜明けを迎えた。一方、関東に幕府が置かれると、人の集住化も急速に進み、衣食住の安定供給が求められるようになった。当時、国民衣類の主たるものは木綿であり、その原料である木棉栽培に〆粕、干鰯がこの需要に応えてきた。また、食料としての魚類の供給についても、紀州漁民たちの八手網、まかせ網などの大量捕獲漁法の伝播と、地元豪農たちとの連携があって成り立ったものである。

そして、さらに幕府の保護政策と江戸および東浦賀干鰯問屋の資本投下など諸々の条件が結びつき、一大産業へと発展していった。

天津小湊を望む東房総の海岸線（撮影：古山豊）

「十とせー処《こ》の大漁は水主のため、千両万両曳きあげる、浜大漁だねコリャコリャ」と大漁節が労働歌として歌われるようになったのも、黄金期を迎えた1839（天保10）年頃からであるといわれている。

文・本間清利　郷土史家

新田開発によって幕府財政を潤した開発型代官

伊奈忠治

いな・ただはる　１５９２～１６５３。通称半十郎。幕府代官頭として直轄領の総括支配にあたった父忠次の権限を継承し、１６４２年からは関東諸代官の統括と河川の改修、築堤を専管した。この役割を世襲した子孫は「関東郡代」と呼ばれた。

父から農政の心得を引き継ぐ

関東を代表する河川である利根川は現在、流域の広さでは日本一（約1万６８４０㎢）の規模を誇り、長さでも3番目に数えられる。しかし、現在の流れがかたちづくられるまでには、先人たちによる治水工事のたゆまぬ努力があった。

江戸前期より以前には、利根川下流部の流路は下総《しもうさ》（現在の千葉、茨城、埼玉3県の一部）・武蔵《むさし》（同東京都、埼玉県、神奈川県）の国境を画して葛西《かさい》（現・東京都葛飾区）へと南流していたが、関東武官頭・伊奈忠次《ただつぐ》により鷺宮より南を廃川とし、水害で荒廃していた流域一帯の新田開発を可能にした。この旧利根川流域を中心に新田開発にあたったのが、本稿で紹介する伊奈半十郎忠治である。

この伊奈忠治は、前出のように利根川を瀬替《せがえ》（人工的な河川の流路変更）した徳川家康の奉行人・伊奈備前守忠次（１５５０〜１６１０）の次男として、１５９２（文禄元）年に生まれる。幼い頃から父のもとで、河川の修治や、農業用水路の開削・築堤など土木技術を学んだほか、治安維持を中心とした農村統治の方法も身につけ、ひとかどの農政家として成長していった。

父忠次が１６１０（慶長15）年に亡くなると、忠次が支配していた下総・武蔵・常陸《ひたち》（現在の茨城県の大部分）など広い範囲の幕府領は、各代官の分割支配に移された。この時忠治は、江戸の出入口、千住（現・東京都足立区）・板橋・品川をはじめ、江戸近郊の道中筋を中心に、17万石の土地を支配する独立代官に任じられた。幕府でも忠治に対し、足立郡植田谷《うえたや》領（現・埼玉県大宮市）で８０５石余りの知行《ちぎょう》（注1）を割り当て、農政振興に努めさせた。これに伴い、忠治は足立郡赤山（現・埼玉県川口市）の山林を切り開いて陣屋（注2）を設け、支配地の統治にあたったのである。

人心をつかむ「定書」

農政を手がけるにあたり、忠治は特に手つかずだった沼沢地の開発を目指した。そこでまず、河川を修治したり、用水路を引くなどして、水害や干害で荒廃していた土地の開発に力を注いだ。その一方で、新田開発を促すための定書《さだめがき》（法令、規則を記したもの）を発給することで、重労働に欠かせない働き手を集めた。なぜならこの当時、

忠治の父、伊奈忠次の墓（埼玉県鴻巣市勝願寺）

注1
幕府や藩から与えられた土地。

注2
郡代、代官の詰め所。

耕地が限られているなかで、農地を持てない次男・三男、あるいは特定の百姓に従属したまま独立できない「分付《ぶんつけ》百姓」が農村にあふれていたからである。

1612（慶長17）年から1623（元和9）年にかけての定書の発給先は、現在の地名で確認できるものだけでも、埼玉県の吉川市、三郷市、鴻巣市、桶川市、東京都足立区など広い地域にわたっている。いずれの定書もほぼ同じ条文だが、その主な内容を挙げると――

・当新田に移ってきた者には、堤防や井堀の普請《ふしん》を除き、人足役その他の諸役は免除する。

・田は開発した年は無年貢、2年目からは、代官手代がその作柄を見立て、適当と思われる年貢を納めさせる。

・畑は2年間無年貢、3年目からはその作柄により少しずつ年貢を納めさせる。

・よそからきた浪人でも、問題のない者には移住させる。

・種籾などは無利子でいくらでも貸し与える。

というもので、「これらのことは固く約束するので、望みの者はこの新田に移り住み、新田の開発に努めるように」と結ばれていた。このように好条件

忠治が祀られている筑波郡谷和原村の伊奈神社

で、しかも浮浪者の多い浪人などにも開かれた内容を示した条文は当時としては珍しく、そこには忠治の積極的な農政に対する考え方がよくあらわれている。

こうして忠治は新田開発を着々と進め、農地が安定したところで検地を施行、村高を定め、その村高に応じた年貢を徴収した。これにより年貢収入は増大し、幕府の財政を潤すことになるとともに、土地を持たない多くの人々が、年貢を納める百姓になることができたのであった。

幕府はその功労に対し、忠治が開発させた新田地から納められる年貢の1割を給与するという特典を与えた。忠治の開発地は20万石とも30万石ともいわれるので、この「特典」によって2万石から3万石の大名にも匹敵するほど大きい所得を手にすることになったのである。このような基盤があったからこそ、大勢の家臣や手代を抱え、増え続ける支配地の統治にあたるとともに、利根川や荒川などの流路を改修したり、幸手《さって》用水ほか多くの用水路を開くことができたのであった。

谷原湿原の開発

その後、忠治が手がけたのは、今の茨城県筑波郡伊奈町・谷和原《やわら》村の一帯に広がっていた谷原《やはら》湿原での新田開発だった。当時は、鬼怒川と小貝川は寺畑（現・谷和原村）の少し上流で合流しており、その流水は下流の低地にあふれ出て、辺りは一大湿原を形成していたのである。

忠治はまず、寺畑の西側に連なる丘陵地を野木崎（現・守谷市）まで掘り通して、鬼怒川を常陸川に接続させた。一方、小貝川は、湿原と化した谷原のうち、常陸・下総の流路跡伝いに堤防を築きながら、曽根（現・利根町）の先で本流である常陸川に接続させた。

これらの事業により鬼怒川と小貝川が分離されるとともに、谷原湿原の干拓は急速に進み、新田開発が促進された。こうして１６３３（寛永10）年には、「常陸谷原３万石」「相馬谷原２万石」と称される計５万石の新田（現・谷和原村、伊奈町）が成立した。忠治はこの時、新田開発や用水路の造成に功労のあった者に対し、屋敷地を免税地として与え、これを賞した。

このほか、１５９３（文禄２）年の利根川の瀬替で水没した庄内川流域の土地を復興させるため、忠治の重臣小島庄右衛門らに命じ、関宿（現・千葉県東葛飾郡）から金杉（現・埼玉県北葛飾郡松伏町）までの沼沿いの台地を掘り割って、新利根川（現・江戸川上流）を開削させた。これにより、沼地の水は新利根川に流れ、水没していた庄内領（現・埼玉県庄和町）や沼沿いの幸手領（同幸手市、杉戸町など）の干拓が可能になり、数万石の新田地が再開発されることになったのである。この新利根川の開通は、１６４１（寛永18）年といわれる。

関東代官頭となる

こうして新田開発や農村統治に抜群の功績をあらわした忠治は、１６３５（寛永12）年の幕府職制の改革にあたり、勘定頭（のちの勘定奉行）に抜擢されている。

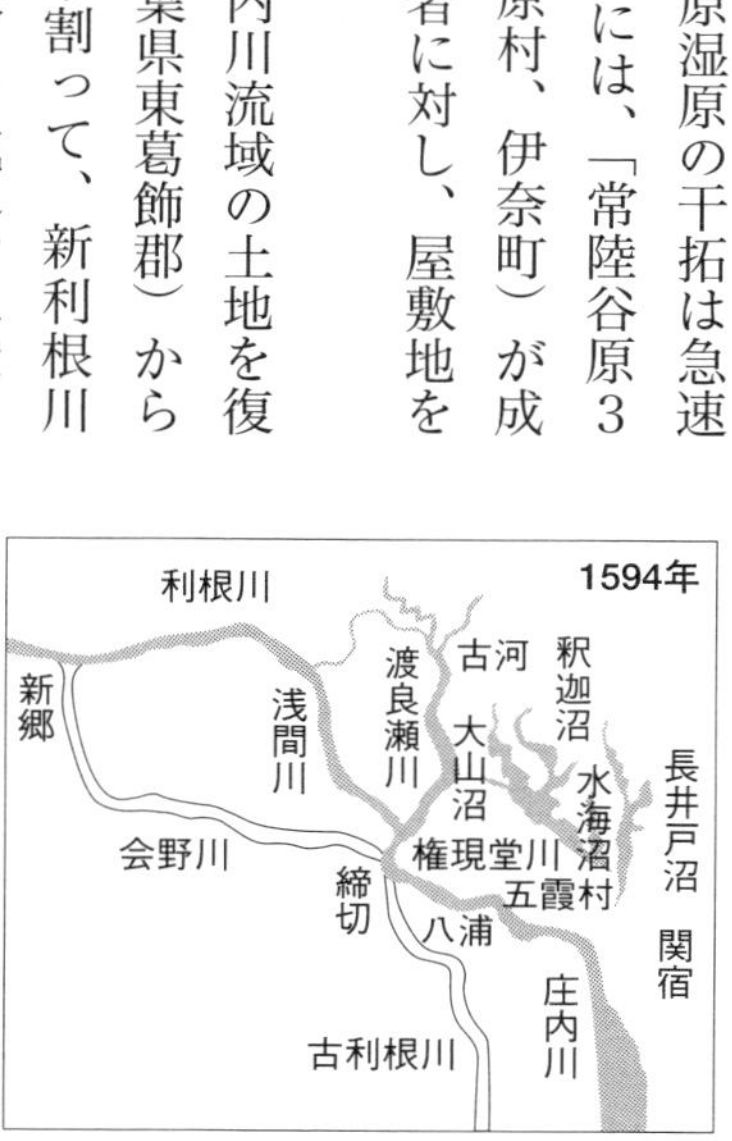

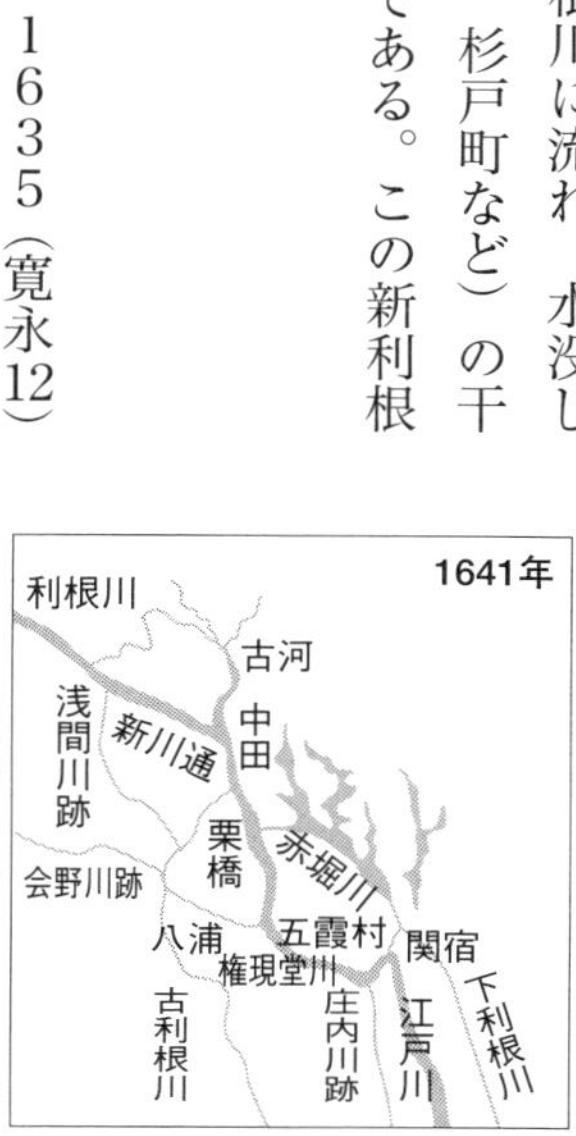

1594（文禄3）年と1641（寛永18）年の利根川

この頃には、赤山の陣屋は、壮大堅固な城郭のような構造に整備されていた。構内の敷地は2万4000坪、境界には構堀が張りめぐらされ、その北側は沼地、このため賊徒の侵入を防ぐにも適していた。忠治が開発したこの赤山陣屋周辺の知行地は、幕府公認のものだけで6682石余り、これに先の植田谷領約805石を加えると、7487石6斗（注3）余りとなり、上級旗本に位置づけられていたことがわかる。

忠治は将軍家光《いえみつ》の信任ことに厚く、伊奈氏が伝えた『御鷹野旧記』によると、家光が鷹狩りをする時には、常に側近で奉仕に務めたほどである。ちなみに、将軍は、「忠治の支配地では人々が飢えたり凍えたりしないそうだが、これからも農民のために尽くしてほしい」と、忠治による農村統治の力量を高く評価していた。

こうしたなかで忠治は、1642（寛永19）年には家光の御前に召され、「国用（勘定頭）にあずかりし役職を免じるので、今より後は関東諸代官の良否得失を糺《ただ》し、堤防修築等のことに専念すべし」といい渡された。すなわち、忠治はこの時、関東諸代官を統率する関東代官頭に任ぜられたわけである。これは、すでに治安が安定した幕府権力のもとで民政・農政を取り締まる幕府の要職は他の役職に移されたためで、以来忠治は、民衆を保護し、河川や用水路を整備して水害や干害を防ぐとともに、農村を振救させる役職に転じたということであった。これは新利根川はじめ、新川通り（現在の埼玉県北川辺町と大利根町間の利根川）を開通させたり、1629（寛永6）年には、石原（現・埼玉県熊谷市）で荒川を締め切って和田吉野川筋に瀬替するなど、新田開発のための活発な働きが評価された結果だった。その後、多摩川から江戸に飲

注3
1斗は1石の10分の1で約18ℓ。

料水を引くため、玉川上水路の造成奉行として尽力していたが、1653（承応2）年6月、62歳で永眠し、父忠次と同じ鴻巣勝願寺に葬られた。

谷原湿原を美しい水田地帯に生まれ変わらせた忠治は、肖像画こそ残されていないが、旧谷原領、現在の地名（伊奈町、谷和原村）にその名をとどめている。地域の功労者として、これからも長く語り継がれることだろう。

現在の利根川は、関東平野を西北から南東に貫く長流を形成している

江戸に世界一の水道を開通した土木エキスパート

玉川兄弟

たまがわきょうだい　兄庄右衛門、弟清右衛門ともに生没年不詳。1653年、町奉行・神尾備前守元勝に命じられて江戸の上水道掘削を開始。上水完成後にその功を認められ、玉川姓と帯刀を許されるとともに、玉川上水の経営権と名は子孫に世襲された。

文・石川英輔　作家

どんなに立派なまちをつくっても、十分な水を供給できなければ、砂漠のなかの廃墟と同じで、人は住めない。大きな都市には、大量の水を供給するシステムが必要である。

この点は、江戸も例外ではなかったが、江戸の低地は海岸に近いため、井戸を掘ってもよい飲み水が得られない。そのため、徳川家康は、入国前の1590（天正18）年に、家臣大久保藤五郎に命じて、都市計画の一部として最初の上水道工事をさせた。

これが、神田上水のもとになる小石川水道で、目白台の下で神田川を分流した水路を設け、神田方面に給水した。このほかにも、赤坂にあった大きな池、溜池の水を汲んで使っていたが、大名の参勤交代が始まって大名の家族が江戸に定住し、大勢の武士が生活するようになると、この程度の水量ではとてもまかないきれなくなった。

その対策としては、小石川水道を少しずつ拡張して給水量を増やし続け、１６２９（寛永６）年頃には、井の頭をはじめ、善福寺池、妙正寺池などを水源とする神田上水として完成していた。完成した神田上水は、地下に埋めた木製や石製の伏桶《ふせび》（配水管）の総延長が67㎞に達する本格的な水道網となり、下町の神田、日本橋地区全域に給水できるようになった。現在、東京のＪＲ線の駅名になっている「水道橋」は、神田川から分流した水道を、神田川の上に渡すためにあった橋にちなんだ地名である。

江戸の水道は、水源と給水地との高低差を利用して流す自然流下式という方式だったから、地下の水道管から水を汲み上げるためには、方々に「水道枡《ます》」あるいは「水道井戸」という地上への穴があり、ここからつるべを下ろして水を汲み上げる方式だった。枡の数は、神田上水系の給水面積約５㎢の範囲だけで３６００もあったから、30～40ｍ四方に1ヵ所という、かなりの密度で配置されていたことになる。

玉川兄弟像（羽村市提供）

しかし、江戸の発展はとどまることがなく、17世紀の末には、人口、面積とも世界最大の都市となり、水の需要も増え続けたが、神田上水の水源はいずれも湧き水のため、水量が十分でなく、別に水源を求めざるを得ないことは、この当時すでに明らかだった。3代将軍・家光《いえみつ》の晩年には、すでに新しい上水道建設の計画が始まっていたが、家光が亡くなったため、玉川上水の計画が具体化したのは、4代の家綱《いえつな》が将軍になった翌年の1652（承応元）年だった。

●

翌1653（承応2）年正月、幕府は、工事を願い出ていた兄弟の町人、庄右衛門《しょうえもん》、清右衛門《せいえもん》に請け負わせることにして金7500両を支払い、4月4日に着工した。兄弟は、実地に測量した図面や説明書を評定所《ひょうじょうしょ》に提出し、十分に成算のあることを説明したというから、土木工事の専門家だったのだろう。

玉川上水の工事は予想外の費用がかかり、高井戸辺りまで掘ったところで幕府からの資金が尽きてしまった。兄弟は私財を売り払って、1000両とも2000両ともいう大金をつくり、11月15日には、上水取入口のある羽村から四谷大木戸（現・新宿区新宿1丁目）までの10里32町24間半（約4万2700m）に水路が開通した。羽村と四谷の高低差は92mもあり、設計施工とも優れていたため、水は順調に流れた。

これほどの大工事をわずか8ヵ月と10日でなし遂げた技術にはただ驚くほかないが、現在残っている玉川上水工事についての記録は、すべて後世にできたものなので、資料によって食い違いが多い。兄弟の出生地でさえ、江戸の市内と多摩川沿いの農家という二つの説があるし、兄弟の測量は二度にわたって失敗し、松平信綱《のぶつな》の家臣安松《やすまつ》金《きん》右衛《え》門《もん》の設計によって成功したという資料もある。客観的で詳しい公式記録がないため、今のところいずれとも断定できないようだ。

しかし、多摩川から水を引く計画の立案者であり、工事を担当した兄弟の功績に疑う余地はなかった。幕府もこれを高く評価して、庄右衛門、清右衛門兄弟には玉川の苗字と帯刀を許し、それぞれ３００石の禄を与えた。当時として最高の名誉だった。

●

玉川上水の開通によって、江戸の水事情は大きく好転した。完成後の玉川上水系の地下水路は、江戸市内での総延長が85㎞に達し、隅田川の西では、上水の4分の1が神田上水系、4分の3が玉川上水系となった。給水地域は、人口密度の高い下町の全域と、麹町、四谷、赤坂などの高台つまり山の手の一部を含み、すでに１００万人に達していた人口のうち60％までは水道で生活できるようになったのである。

つるべで汲み上げる水道など水道ではない、と思う人もいるかもしれないが、江戸に並ぶ水道先進都市だったロンドンの水道も、この時代はまだ自然流下式だった。しかも、18世紀中頃は週3日給水で、1日の給水時間はわずか7時間だったそうだから、1年中絶えることなく地下水道に豊富な水が流れていた江戸の水道のほうがはるかにましだった。

パリはもっと悲惨で、下水を放流していたセーヌ川から汲み上げた水を長年にわたって上水として使い続けていた。不完全ながら上水専門の水源を設けたのは、ようや

『江戸名所図会』より水道橋。神田上水はこの懸樋（かけひ）で神田川を渡り、江戸の下町の北側に給水した

く1811年だから、こちらはとても江戸と比較できるような状況ではない。

東京市内に初めて近代的な加圧式水道ができたのは1898（明治31）年、それが市内全体に行きわたって、神田上水と玉川上水が廃止になったのは、明治末年の1911年頃だった。

江戸の水道は、20世紀になっても東京に給水し続けていたのである。

海運整備で東西の流通を活性化した江戸商人

河村瑞賢

文・渡辺信夫　東北大学名誉教授（故人）

かわむら・ずいけん　1618〜1699。幼名七兵衛、のちに十右衛門。材木商や土木建築請負業で富を築き、50歳前後で剃髪して瑞賢と号する。幕命により、東廻・西廻両海運の刷新と、新川（安治川）開削など畿内の治水事業を行った。

立志伝中の事業家として

河村瑞賢といえば立志伝中の江戸商人として語られてきた。紀伊国屋文左衛門《きのくにやぶんざえもん》と並び称される大尽《だいじん》である。

だが彼が立志伝中の人物として語り継がれてきたのは、単なる大尽であったからではない。むしろ大尽としての河村瑞賢ではなく、事業家としてである。

とりわけ瑞賢の東廻《ひがしまわり》海運と西廻《にしまわり》海運の刷新は、全国各地を海運で結び、地域経済の活性化を図った歴史に残る優れた事業である。

このことを初めて評価したのは新井白石《はくせき》であった。白石は江戸時代最大の歴史家といわれ、正徳《しょうとく》の治《ち》で有名な政治家である。

瑞賢の海運事業構想が海運史上画期的であることは具体的に後述するところであるが、白石が瑞賢の事業を高く評価したのにはもう一つの理由があったように思う。白石が自伝『折《おり》たく柴《しば》の記《き》』で述べているように、瑞賢は若き日の白石を観察し、将来性のある青年と見て孫娘をめとらせようとしたことがあった。実現はしなかったが両者はもう1本の糸で結ばれていたのである。

白石はこのことを後まで恩義に思い、かつ瑞賢の人間に魅力を感じ、自伝に記しただけでなく、歴史家の目で瑞賢の事業を書き残したのであろう。著書『奥羽《おうう》海運記』・『畿《き》内治河記《ないちかき》』がそれである。『奥羽海運記』は瑞賢の海運事業を記述した基本史料である。白石のこの著作がなければ、瑞賢のことは語り継がれなかったかもしれないのである。

新たな海運の開拓を提案

河村瑞賢の海運事業は１６７０（寛文10）年に始まる。

同年、幕府が河村瑞賢に幕府領である奥州《おうしゅう》の伊達《だて》・信夫《しのぶ》郡（現在の福島市を中心とする地域）の年貢米を江戸に廻漕《かいそう》するように命じた。これまでこの幕府領の年貢米の江戸廻米《かいまい》は、商人請負によって行われていた。廻米船の調達など積み出しから荷揚げまでの一切を請負人が責任を持つため、請負料が高額となった。

江戸廻米を命じられた瑞賢は手代を現地に下し、積出地から航路沿いの踏査を実施し、次のような新しい海運の提案を幕府に行った。大要は次のとおりである。

4分の1の大きさでつくられた廻米船（千石船）の模型（山形県酒田市日和山公園）

①廻米船には商船を雇い、各船に幕府の幟《のぼり》を立て、水夫は航路に精通する者を雇うことにする。

②伊達・信夫郡の年貢米は夏に阿武隈川舟運で河口の荒浜に運び、廻米船に積み替えて房総半島を回り、相州《そうしゅう》三崎か伊豆下田に向かい、それから江戸に入る。

③平潟《ひらかた》・那珂湊《なかみなと》・銚子・小湊などに番所を置き、船の遅速、水夫の勤惰、海難の調査などを調べる組織をつくり、さらに標幟《ひょうし》を沿岸の諸侯・代官に知らせ、緩急の時には救護にあたらせる。

以上の提案は幕府の採用するところとなった。１６７１（寛文11）年春、瑞賢はこの提案に基づき江戸廻米に着手した。彼は現地に下り、廻米作業を監督し、番所設置箇所をまわり江戸に帰った。７月には積船はあいついで着岸し、城米は少しの損傷もなくかつ日数も費用も従来に比べて半減したという。以後、奥州地方から江戸への廻漕は幕府のみならず、諸藩の蔵米輸送とも房総半島を迂回し、直漕されるようになる。

河村瑞賢像（酒田市提供）

幕府はこの成功を受け、さらに瑞賢に出羽《でわ》国幕府領の年貢米を江戸に廻漕するように命じた。瑞賢は北国から下関・大坂を経由して江戸に廻漕する西廻航路によることとし、東廻り同様人を派遣し、積出港や航路などの調査を行い、廻米計画を提案し

た。すなわち、

①廻米船には北国海運と江戸航路に慣れた讃岐《さぬき》の塩飽《しあく》島、備前の日比浦《ひびのうら》、摂津《せっつ》の伝法・河辺・脇浜などの船を用うべきこと。

②最上川の運賃は一切幕府の負担とし、酒田に城米専用の米蔵を設け、積船に積むまでの費用は幕府の負担とする。

③城米船の寄港地の入港税を免除させ、下関港に水先案内船を備え、鳥羽港の菅島《すがしま》には毎夜烽火《ほうか》を挙げ、船の目標とする。

④寄港地を佐渡の小木《おぎ》、石州の湯津《ゆのつ》、摂州の大坂、志州の畔乗《あのり》、豆州の下田などとし番所を設け、航路沿岸の諸侯・代官に城米船の保護にあたらせる。

この提案も幕府は採用し、1672（寛文12）年4月には瑞賢父子が積出地酒田（現・山形県酒田市）に着き、5月に初出帆、7月には東廻り同様海難もなく順次江戸に到着した。

地域開発をも促した海運刷新事業

以上の瑞賢の提案による東廻航路、西廻航路の江戸廻米は、海運史上画期的な意義を持つものであった。以下この点について述べることにする。

第1は、江戸廻米船を幕府が直接雇う体制としたことである。従来は、廻米量の30～40％にも及ぶ高額請負料を負担する商人請負で江戸廻米を行っていたが、新体制の採用で運賃の15％程度と大幅な経費軽減を可能にしたことである。以後、幕府・諸藩の江戸廻米の多くは廻漕船の直雇方式によって行われるようになった。

第2は、東廻りは伊勢・尾張方面の廻船、西廻りは瀬戸内海の廻船を採用したが、次第に弁才《べざい》系廻船（注1）が全国に普及し、大型廻船化が進むことになる。

第3は、全国的沿岸航路を開き、東廻海運・西廻海運の展開を導いたことである。従来奥州からの海上輸送は那珂湊か銚子までで、それから利根川舟運などを利用して江戸へ輸送した。このルートは積み替えが多く輸送経費もかさんだ。北国からは越前敦賀か若狭小浜に海上を輸送し、さらに琵琶湖舟運などを利用し、大津経由で上方に達していた。これまた積み替え経費などがかさんだ。瑞賢は気象、海流、港湾などを調査し、江戸・大坂に直漕する航路を整備し、地乗りから沖乗りへの道を開いたのである。

第4は、海運に連結する河川舟運機構を整備したことである。最上川舟運においては運賃を公定にし、幕府が町船を雇い年貢米の川下しを行い、河口の酒田には城米専用の倉庫を設け、保管料の節約を図った。阿武隈川河口の荒浜にも専用の倉庫を設けている。

第5は、海難事故や海上輸送上の不正などを未然に防止するため航路沿いに番所を設け、あるいは密米の取り締まりなどの廻米船の救護組織を整備した。従来幕府は法令の制定や制札を設けることはあっても、直接的に海運施設を設けることはなかった。航路沿いの大名・代官などを動員するなど幕府の権力で初めて可能となった側面もあるが、この組織はその後の海運保護組織として全国的に定着していくことになった。

注1
西日本で発達し、次第に全国の航路で用いられるようになった。300石積みくらいから2000石積みにも及んだ大型和船。

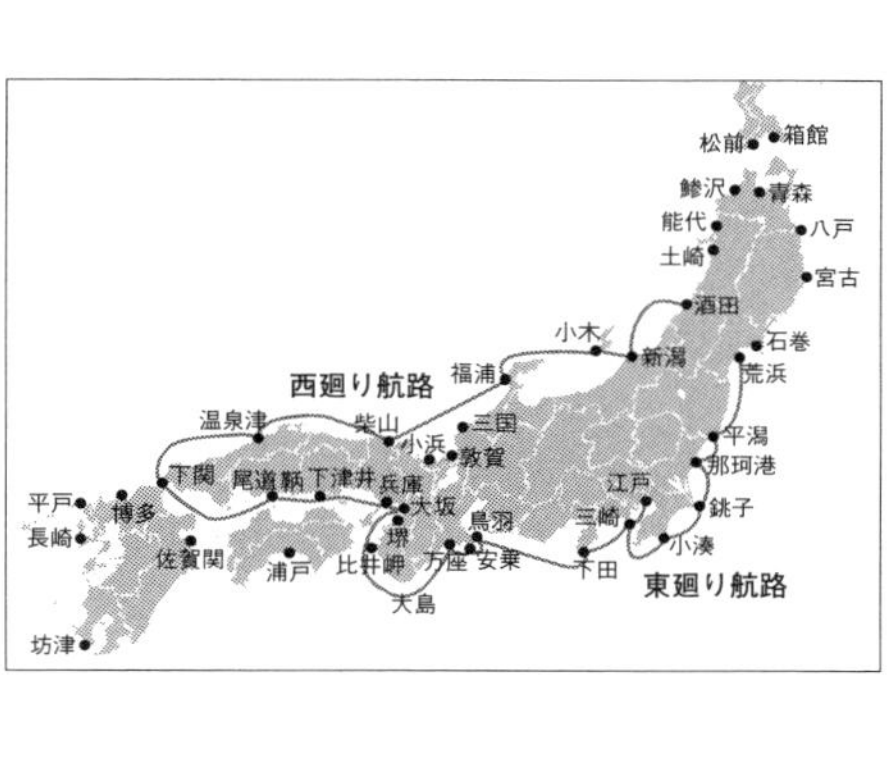

河村瑞賢によって整備された航路
（渡辺信夫『海からの文化～みちのく海運史』より作成）

河村瑞賢の海運刷新事業は、直接的には東廻りによる奥州米と西廻りによる出羽米の江戸廻漕を目的とするものであったが、これを契機に近世海運の枠組みである東廻り・西廻りの全国的沿岸航路が整備された意義は大きい。

さらに、大坂と江戸を軸とする二元的海運体系が整っただけではない。諸藩の地域海運が全国海運に連結することによって地域の流通運輸が活発化し、地域開発が促進されたのである。港町酒田市に見るように、河村瑞賢が顕彰され港の恩人として今も語られる背景であろう。

酒田古絵図（本間美術館蔵）

文・吉田豊　生活史家

民活による川崎復興で吉宗に評価された行政の達人

田中丘隅

たなか・きゅうぐ　１６６２〜１７２９。幼名喜六、のちに兵大夫。邱愚、休愚右衛門などとも。東海道川崎宿本陣・田中家の養子となり、１７０４年には本陣当主を継ぐ。50代で江戸に遊学した後、民政について著した『民間省要』が幕府に注目され、治水事業などで力を発揮した。

川崎宿に賑わいをもたらした才覚と努力

神奈川県川崎市は、東京湾にそそぐ多摩川（下流は六郷川）を隔てて東京都南部と向かい合う人口１３０万人余の政令指定都市である。

江戸時代、その中心部は武蔵《むさし》国橘樹《たちばな》郡川崎村と呼ばれ、東海道五十三次のうち品川宿の次、２番目の宿場だった。

江戸時代後期の川崎宿は、東海道を上下する旅人や川崎厄除け大師（平間寺《へいけんじ》）参詣客で賑わい、茶店、旅籠《はたご》が軒を連ねていた。

だが江戸中期以前の川崎は、さびれ果てた貧村だったのである。

東海道に面してはいても日本橋からは半日の道のりで泊まり客は期待できず、めぼしい産物もない。それなのに幕府から課される公用運輸の伝馬《てんま》役の負担が重くのしかかっていた。

この川崎宿に、東海道の関門にふさわしい繁栄をもたらし、その優れた識見によって8代将軍・吉宗《よしむね》の「享保《きょうほう》の改革」に大きく寄与、さらに各地の治水、防災にも手腕を発揮した功労者が田中丘隅である。

丘隅は武蔵国八王子在の平沢村（現・東京都あきる野市平沢）の絹商、窪島家の次男に生まれ、最初の名を喜六、のち兵大夫といった。

成長ののち家業の絹物の商いでたびたび川崎を訪れ、宿の名主、本陣を務める田中家から見込まれて養子に入る。1704（宝永元）年、43歳で同家を継ぎ世襲名の兵庫を名乗り、また喜古《よしひさ》とも称した。丘隅はその号で、ほかに邱愚《きゅうぐ》、休愚右衛門《きゅうぐえもん》、冠帯老人《かんたいろうじん》、武陽散民《ぶようさんみん》などと自称している。

丘隅が田中家に入った当時の川崎は疲弊のどん底にあった。もともと田畑が乏しく公用の馬や人足を供出できる農家は200戸そこそこのところへ、毎日のように馬100頭、人足100人といった提供を命じられ、農繁期でも仕事にならない。さらに震災、大火の不運も重なって、村民のなかには往来の旅人にすがって施しを受ける者さえあった。

この窮境打開のために丘隅がまず取り組んだのが、六郷川渡船の営業権獲得による宿場財政の充実である。

東海道の六郷橋は1688（元禄元）年の洪水で流失して以来再建されず渡し船に頼っていたが、その運営は不安定で利用者に不便をかけていた。

丘隅は関東郡代・伊奈半左衛門忠順《ただのぶ》を通じ、緻密な計画書を添えた陳情を重ねて、まず試験操業を許され、1709（宝永6）年には「川崎宿の伝馬役継続のため」という名目での営業権の正式認可と補助金3500両、それまでの試行中の収益金560両の取得に成功した。

この事業の発足にあたって丘隅は、公共サービス事業の命である安全、親切、公平を第一とする趣旨の高札を掲げて、公定以外の賃銭を要求したり、利用者を身分によって差別したりすることを厳禁、利用者に喜ばれた。

田中丘隅像（『玉川参登鯉伝』所載／世田谷区立郷土資料館蔵）

また事業収益の一部を刎銭《はねせん》として宿場財政に繰り入れて伝馬役の負担を軽減、また旅籠《はたご》など接客業を助成して旅人の足を止めるためのサービス充実に努めた。

こうして四散していた住民も次々と戻ってきて家や店を構え、宿は日増しに賑わい始めたのである。

民衆の目の高さの政治論『民間省要』

川崎宿振興が軌道に乗ったのを見定めた丘

隅は、これまでの見聞や実践を理論的に整理、検討したいとの情熱に動かされて、50代初めの正徳年間（1711〜16）、勉学のため江戸に出た。そして当時一流の漢学者でのちに幕政改革の書『政談』を記した荻生徂徠《おぎゅうそらい》の弟子となり、また漢学者で幕府奥坊主の成島道筑《なるしまどうちく》の指導を受けた。こうして生まれたのが丘隅59歳の1720（享保5）年秋から丸1ヵ年をかけて書き上げた全3編15巻77項の世直しの名著『民間省要《みんかんせいよう》』である。

丘隅はそのなかで、幕府の行財政の問題点をさまざまな分野にわたって民衆の視点から率直に指摘し、実際的な改善策を提起している。本書執筆の意図を端的に示しているのが、その跋《ばつ》（あとがき）に見る次のような文章だ。

「ご治政が久しくなるにつれてお役人の権威が次第に高まり、貧しい民衆の苦しみを知る人が少なくなった。上流の方々には些細と思われる改変でも下じもの者には非常な苦痛となることも少なくない。水の寒暖は魚や亀にしかわからず、山野に飢える苦しみは鳥獣だけが知っている。だが彼らにはそれを記すことも語ることもできない。民衆とても同じことである。そこで私は彼らに代わってそのいわんとするところを記し、お国の役に立てていただきたいと思うのみである」（筆者意訳）

『民間省要』が書かれた享保初年は吉宗による改革が着手されて早々の時期だったが、先例と既得権に安住する役人層の抵抗が大きな障害となっていた。丘隅は同書でその状況を「9万8千の邪神」がその役職を拠りどころとして私利を図っているため「山頭の日月、明らかなるといえども麓の雲霧に覆隠して、その余光を拝せざるがごとし」と嘆いている。

丘隅は自分の没後、同書を幕府に献じてもらいたいと成島道筑に託したが、一読して感嘆した道筑はただちにこれを吉宗に献じた。

浮世絵に描かれた川崎宿（安藤広重画『東海道五十三次 川崎宿 六郷渡し場の図』川崎市市民ミュージアム蔵）

同書を高く評価した吉宗は町奉行・大岡越前守忠相《ただすけ》に丘隅についての意見を求めたうえで、1723（享保8）年、武蔵国の荒川、多摩川、および多摩川の両岸を流れる二ヶ領・六郷の両用水の改修御用を丘隅に命じ、10人扶持《ぶち》の幕臣として登用した。享保の改革推進にあたって吉宗は、年貢賦課方式の検見制から定免《じょうめん》制《せい》への転換をはじめ『民間省要』に盛られている丘隅の政見を大幅に採用したものと見られている。

治水の成功が人々の自発性を引き出す

丘隅は荒川、多摩川などの改修事業を通じて吉宗の技術スタッフで紀州流治水の権威、井沢弥惣兵衛《やそうべえ》正房《まさのぶ》に指導され経験を積んだ。特に二ヶ領・六郷の両用水改修にあたっては、これを灌漑《かんがい》用水とする水利共同体が一致協力してその保全活用に努めるための「作法書」を制定した。ここにも、ハードの建設だけで満足せずソフトの充実を忘れない丘隅の事業姿勢が示されている。

　続いて１７２６（享保11）年には幕府から相模《さがみ》国足柄上郡（現・神奈川県西端部）酒匂《さかわ》川水防工事を命じられた。

　同地方は、20年前の１７０７（宝永４）年の富士山大爆発による厚い降砂で覆われ、川床が埋まったため翌１７０８（宝永５）年の大洪水では大口堤が決壊、その後も繰り返し洪水が起きて多くの田畑が亡所《もうしょ》（荒廃地）となり、住民は四散していた。

　１７２１（享保６）年、命を受けて現地を検分した丘隅は、その荒涼とした景色に、

夕暮れやあわれ佐川（酒匂）の砂の秋

の句を詠んでいる。

　決壊していた大口堤の締め切り、新しい築堤は丘隅の設計によって１７２６（享保11）年２月着工、同年５月に竣工した。丘隅は堤に中国古代の聖天子で黄河の治水に献身したという禹《う》（名は文命）を祀る文命宮を建て、堤を文命東堤、文命西堤と名づけた。そしてこの神を信じて工事に奉仕すればご利益は疑いないと説き、土石を運んできた者には銭10文を与えたので村人は我れも我れもと奉仕に加わり、蛇籠《じゃかご》（護岸用の石を詰めた長い竹籠）に詰める坪石《つぼいし》も山のように集まった。

　丘隅は完成した堤の上に桃、李《すもも》、梨、栗などの花木や果樹を植え、４月１日を文命

宮の祭日として信仰心による人々の結束を図った。

堤の完成で洪水のおそれがなくなり、四散していた村人も戻ってくる。幕府は丘隅の功に対して100両を下賜したが、彼はそれを下流の水防組合に配って水防や用水管理にあてさせている。

今は南足柄市小市の福沢神社境内となっている文命堤には、禹の徳と築堤の由来を丘隅が記した碑が立ち、毎年5月5、6日には祭礼が行われている。

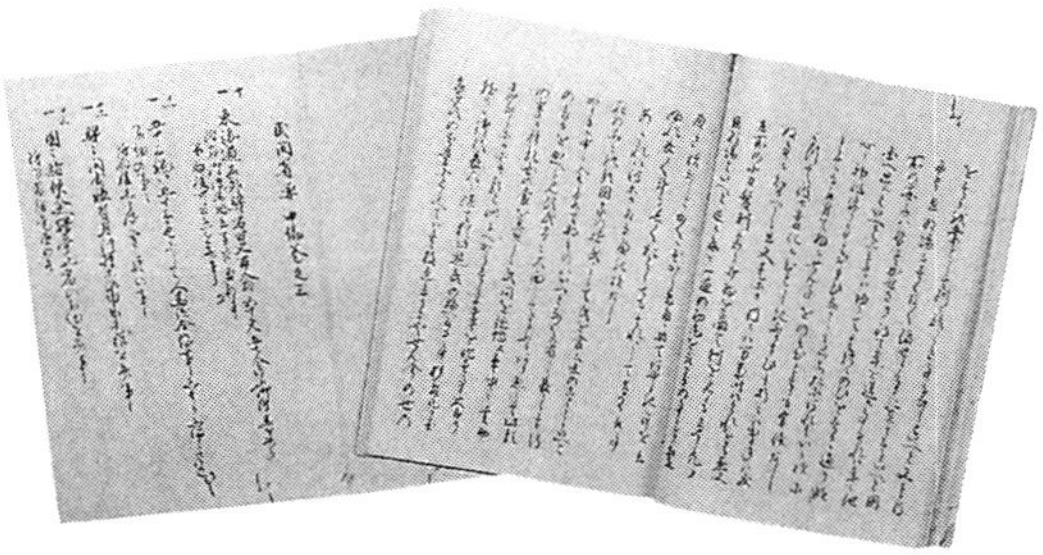

『民間省要』古写本（川崎市市民ミュージアム蔵）

大岡越前に抜擢された武蔵野新田開発の再興者

川崎平右衛門定孝

かわさき・へいえもんさだたか　１６９４〜１７６７。武蔵国多摩郡押立村の名主の家に生まれ、武蔵野新田内の植林や窮民救済の功により、１７３９年に名字帯刀を許される。３万石の幕領支配を任される支配勘定格や石見国大森代官を歴任するなど、異例の栄達を遂げた。

名所・小金井桜

江戸時代、江戸市中へ飲料水を供給するために多摩川から現在の東京・四谷まで43kmにわたって水を引いていた玉川上水。その流れが東京都小金井市に差しかかる辺りに、「小金井桜」と呼ばれる桜の名所がある。

１８００年頃には上野寛永寺、向島などと並ぶ桜の名所といわれ、江戸から30kmほどの道のりにもかかわらず多くの花見客が訪れた。歌川広重《うたがわひろしげ》は「富士三十六景武蔵小金井」や「武州小金井堤満花之図」など、好んで小金井桜を浮世絵に取り上げている。花見の賑わいは明治も続き、この地をしばしば訪れた正岡子規《まさおかしき》は歌を残している。

玉川のながれを引ける小金井の
桜の花は葉ながら咲けり

小金井桜の多くは、いっせいに花びらが開花する染井吉野などとは違い、花と葉が同時に咲く、素朴な味わいのある山桜である。

これらの桜が最初に植栽されたのが１７４０年頃。古くから桜の名所として知られていた大和《やまと》国・吉野山や常陸《ひたち》国・桜川の山桜の苗種を植えたものである。

その事業にあたった人物が川崎平右衛門定孝。押立村（現・東京都府中市）に生まれ、武蔵野の新田開発に大きな功績を残し、農民からやがて代官、そして勘定所の要職にまでのぼりつめた人物である。

川崎平右衛門定孝像（府中市郷土の森博物館蔵）

享保の新田開発ブーム

１７２２（享保７）年、江戸・日本橋の高札場に２ヵ条の高札が立てられた。その内容は、幕府領、私領にかかわらず農地として開発する土地があれば代官所などへ開発を申しいでよ、ただし農民や出資者を騙す者は罰するというものであった。

時は享保《きょうほう》、改革のさなかであった。高札は台頭してきた商人に新田開発への出資を促すという、幕府農政の政策転換を示すものだった。というのも幕府はそれ以前、過剰な農地開発が、かえって既存の農地の生産力を低下させ、また災害を招きやすくするなどの理由から新田開発を禁止していた。ところが財政が行きづまり、それを年貢の増収により解消しようとしたのである。

享保年間（1716〜36）は全国各地で開発が進められた新田ブームともいえる時期だが、武蔵野の新田開発はほかと事情が異なっていた。同時期の開発の多くは湖沼地の干拓なのに対し、武蔵野では広大な原野を畑地として開拓した点に特徴がある。水の便が悪く人の生活には適さないといわれた武蔵野台地での開拓は困難な事業であり、30年ほどの歳月をかけて行われることになる。

開発されたのは現在の東京都と埼玉県にまたがる多摩、新座、入間、高麗の4郡で、82ヵ村の新田村が誕生した。1600〜1700年の間に武蔵野で開発された新田は41ヵ村であるから、その倍に相当する、大規模な開発であったといえる。

制度改革と人材登用

大岡越前守忠相《ただすけ》、といえば現在一般に知られているのは江戸町奉行としての姿であろうか。しかし、武蔵野の新田開発の最高責任者もまた忠相なのである。

もともと幕府には農政を司る機関として勘定所があったが、武蔵野の開発を進めるにあたり、忠相だけの特例として「地方御用《じかたごよう》」という役職が設けられた。一地方役人から徳川吉宗に見いだされ、江戸町奉行に抜擢された忠相は、町奉行とともに地方御用を兼務し、以後23年間、新田開発を直轄の事業として進めたのである。

武蔵野の新田開発においては、この大岡忠相のもと、家柄や身分にとらわれず登用された「地方巧者《こうしゃ》」といわれる人々が代官や役人になって活躍する。地方巧者の多くは土木や農業などの技術に通じた者たちであった。

新田開発の行きづまり

忠相直轄の事業としてスタートした新田開発ではあったが、開発は進むものの、年貢収益は上がらず、配下の代官のなかには成果を急ぐあまり、開墾されたばかりで収穫のない土地にまで高率の年貢をかける者もあった。その無理な徴収は年貢滞納の原因ともなっていき、新田村からは年貢軽減の請願が出されるほどだった。

こうした新田経営の行きづまりは、１７３８（元文３）年、武蔵野一帯を凶作が襲うとたちまち露呈した。凶作により新田出百姓（入植者）約１３００軒のうち自活できる農家はわずかに30数軒ほど、ほかは立ち行かないという状態に陥った。

この惨状に時の代官と忠相は、名主であった平右衛門に白羽の矢を立てる。栗林や果樹の栽培を行い、栗を江戸城へ献上したり、私財を投げ出し窮乏する農民を助けるなど、その名声が代官らに届いていたためだった。

新田の立て直し

平右衛門が手をつけたのは、まず飢饉の状況の把握であった。1軒1軒農家を訪ね、所持する土地や生活の窮状を尋ね、窮乏する農民のために井戸掘りや水路の整備など、

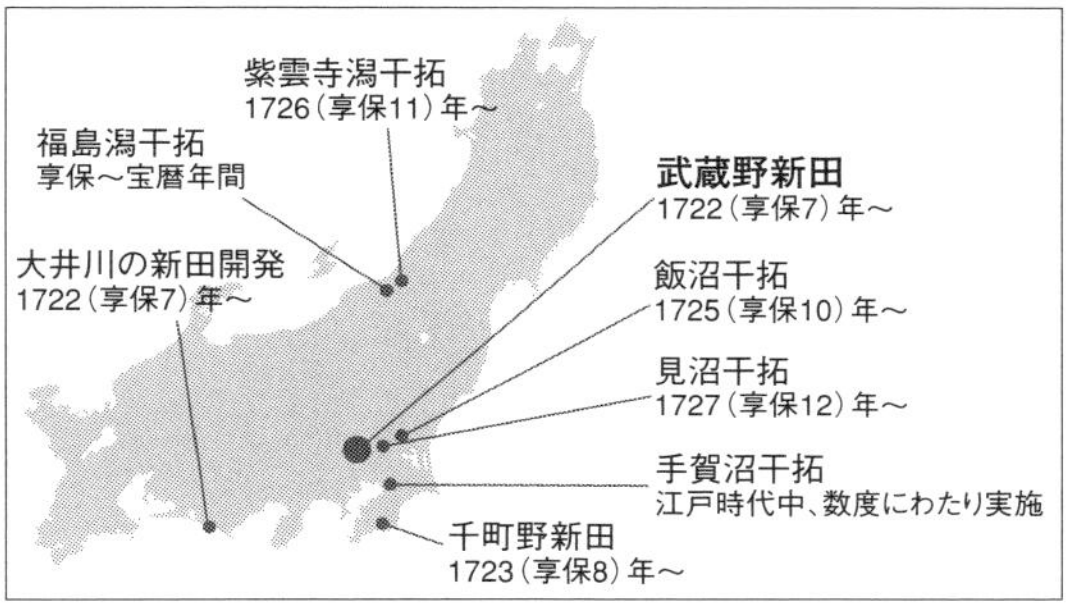

江戸時代中期の主な新田開発

いわゆる公共事業を起こし、参加した者に賃金として食料を支給した。働いた者には貢献度に合わせて仁、礼、信、義などのランク分けをし、賞与を与えている。また、凶作により新田を離れた農民を呼び戻すために金3両の立帰料を支払い、新田村の復興に努めた。

平右衛門の代表的な施策に、前任者が打ち出した公金貸付を発展させた養料金制度がある。前任者の制度は幕府からの拝借金1500両を富裕層へ利率1割で貸しつけ、利息を新田開発に利用した。平右衛門はさらに4060両を追加し、積極的に運用していく。これにより開発資金が確保された。その資金をもとに農民には肥料を与え、返済は収穫物で収めさせて凶作の備えとし、農民の生活安定を図っている。

享保以前、新田開発に消極的だった理由の一つに、肥料をつくる共同の草狩り場の保全があった。平右衛門はこれを開発する代わりに、干鰯《ほしか》や油粕、いわゆる金肥《きんぴ》を購入するという方法をとったのだ。

このように平右衛門の特徴は貨幣経済を積極的に利用した点にあり、なかにはユニークなエピソードも残っている。

1729（享保14）年、ベトナムから贈られたゾウが江戸城で将軍吉宗に拝謁した。このゾウはその後、現在の浜離宮で飼育されていたが、十数年後中野へ払い下げられた。ゾウは大食漢で評判が悪かったが、それを見た平右衛門は一計を案じる。なんと、ゾウの糞を丸めて乾燥させたものを疱瘡湿疹《ほうそうしっしん》の薬として売り出したのだ。その効能のほどはわからないが、売れ行きはよく新田開発の資金になった。

歌川広重が描いた『武州小金井堤満花之図』

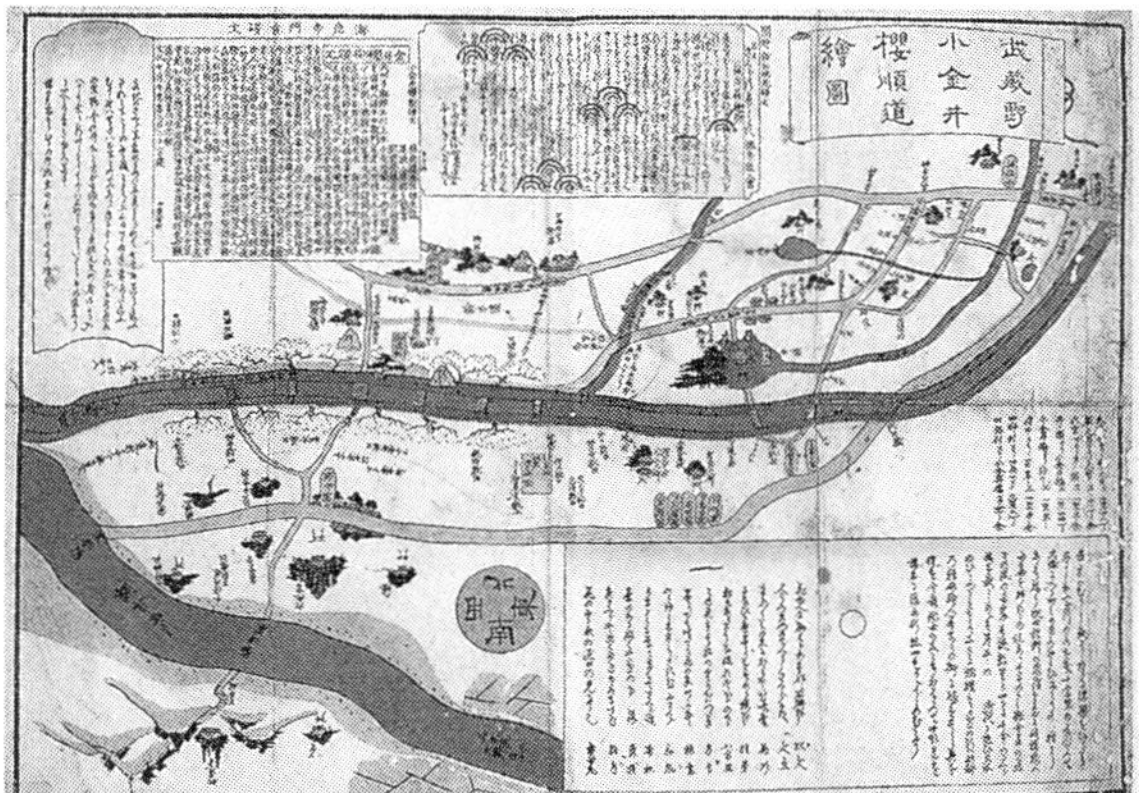

小金井桜周辺を描いた江戸時代の絵図。玉川上水沿いに多くの新田村の地名が読める

明治時代の絵はがき。小金井桜の花見の様子が撮影されている

そして、冒頭に紹介した桜の植樹である。江戸時代の記録には、根が上水の堤を固める、桜の花に解毒作用があり上水を浄化するなどのほかに、農民を慰安するため、そして桜が人を集めるなどの理由があったとされている。一種の村おこしを考えていたのだ――。

こうした武蔵野の新田開発の功績により、平右衛門は凶作の翌年の新田世話役からスタートし、1740（元文5）年、玉川上水取入口御普請役、2年後、武蔵国多摩・入間・高麗3郡の内、新田場見分御用、さらにその翌年には武蔵国玉川両側御料私領二十里余地域の堤・用水・圦樋《しよう》・水門の御普請見分御用を歴任する。玉川上水における治水工事にも、その才能をいかんなく発揮したのだ。同年、代官に次ぐ支配勘定格に就き、実質的に3万石を管轄した。

1749（寛延2）年には長良川や木曽川の治水工事に携わるため、美濃《みの》国に赴任、その後、美濃国の本田代官に任じられた。1762（宝暦12）年には、石見《いわみ》国大森代官となる。いわゆる石見銀山での採掘事業に携わり、さらに勘定吟味役、諸国銀山奉行に昇進した。身分制度のあった時代には異例の出世である。

名代官といわれるゆえん

幕府のなかで昇進を遂げていく平右衛門は、有能な官吏だったといえよう。一方、農民にとっては本当によい行政官であったのだろうか。

「名代官」といわれる一つの理由に、死後、彼を偲ぶ農民たちによって建てられた、

美濃で代官を務めていた時に平右衛門が築いた、長良川の逆流を防ぐための閘門（こうもん）

供養塔・報恩塔などが実に多いことが挙げられる。その数は伝えられているもので12。小金井市の真蔵院、国分寺市の妙法寺にそれぞれ謝恩碑。新田開発の北の拠点であった埼玉県鶴ケ島市の陣屋跡には「武蔵野御救氏神《おんすくいうじがみ》川崎大明神」の石祠。治水工事に携わった岐阜県穂積町に平右衛門を祀った川崎神社などなど。

それらは皆、派手さやきらびやかさはないが、純朴な農民の感謝の気持ちを今に伝えるかのように素朴な印象を残している。

主な参考文献
『代官川崎平右衛門の事績』（渡辺紀彦著／つばさ企画）『多摩の代官』（村上直ほか著／たましん地域文化財団）『多摩と江戸』（大石学編／たましん地域文化財団）

江戸の治安を回復させた近代的福祉施設の創立者

長谷川平蔵

はせがわ・へいぞう　1745〜1795。幼名銕三郎、名は宣以、平蔵は通称。若年時には放蕩息子として知られたが、1774年に西の丸御書院番士に就任後は旗本として順調に出世。1787年に火付盗賊改方を拝命してからは江戸の治安維持に活躍した。

「火付盗賊改方《ひつけとうぞくあらためかた》、長谷川平蔵である。神妙に縛《ばく》につけィ！」の決め台詞とともに颯爽と登場、問答無用で賊を召し捕る強面の長官《おかしら》——人呼んで「鬼の平蔵」。時代劇ファンならずとも、「鬼平」の名ならば誰しも知っていよう。だがここで紹介するのは、大人気を誇る池波正太郎原作『鬼平犯科帳』の主人公としての姿ではない。江戸後期に実在し、世界に先駆けて近代的な刑務施設を創立したパイオニア。それが、われらがヒーローのもう一つの素顔である。

札つきのワル「本所の銕」

長谷川平蔵宣以《のぶため》、幼名銕三郎《てつさぶろう》は、直参旗本長谷川家の御曹司として１７４５（延享２）年に生まれた。４００石の小身とはいえ、長谷川家は代々将軍に近侍してきた名家である。先祖正長は、徳川家康が武田信玄と激戦を交えた三方ヶ原《みかたがはら》で華々しく討死した功臣であり、これが一家の誇りであった。

父宣雄《のぶお》は、その器量を買われて京都町奉行までのぼりつめた才人で、質実剛健、倹約をもっぱらとし財をなした。銕三郎はその妾腹《しょうふく》（注１）であって、小説のように継《まま》子《こ》いじめにあってグレたかどうかはともかく、彼が相当の放蕩息子だったことは確かだ。親の貯えた金銀を使い込んでは、悪友と一緒に岡場所通い。本所三ッ目（現・墨田区菊川３丁目16番地）に屋敷があったので「本所の銕」で鳴らした。そんな生活態度が災いしてか、将軍へのお目見得（注２）も23歳と遅く、間もなく妻子を得るものの遊蕩はやまない。父の死により28歳で家督を継ぐが、すぐにはお沙汰がなく小普請《こぶしん》入り（注３）となって暇をもて余し、まさに「旗本退屈男」を地でいく有様。

しかし、平蔵はただのたわけではなかった。若い時分に世情に通じ、人情の機微に触れたことが、その後の人格形成や職務遂行において大きな力となるのである。

東京都新宿区須賀町の戒行寺にある平蔵の供養塔。ほかに父宣雄をはじめ５人の火盗改も祀られている

注1
正妻でない女が生んだ子。

注2
公式に臣下となる謁見の儀式。

注3
無職の待機状態。

苛烈な時代が望んだ逸材

１７７４（安永３）年、平蔵は西の丸御書院番士《ごしょいんばんし》となる。将軍の居室を守る重要な役目であり、以来、彼はトントン拍子に出世していく。翌年に御進物番《ごしんもつばん》となるが、殿中の儀式を取り仕切るため容貌・振る舞いが厳しく問われたというから、平蔵は端正な美丈夫《びじょうふ》であったろう。１７８４（天明４）年には、将軍出立の際に行列を先導する御《お》徒士組《かちぐみ》の頭《かしら》に栄転。さらに２年後、御先手弓組頭《おさきてゆみくみがしら》に任じられる。戦時は将軍出陣の先鋒を務め、平時は江戸城下５門を守る、番方（武官）最高の名誉職に抜擢されたのだ。異例の昇進は、先祖の七光ではなく、本人にぬきんでた資質が備わってのことである。

長谷川平蔵が表舞台に登場した天明年間（１７８１～89）、世は混乱の窮みにあった。老中・田沼意次《たぬまおきつぐ》が政権を牛耳る裏で封建制は歪みを生じ、商人が台頭、武士や農民の生活は逼迫した。あいつぐ天災で凶作が続き、未曾有の大飢饉が発生。頻発する一揆・打ちこわしはついに江戸を襲った。田沼に替わり、改革の大なたをふるうことになった松平定信《さだのぶ》の老中就任から３ヵ月後、江戸の治安を維持せよと平蔵が火付盗賊改（以下「火盗改《かとうあらため》」）の加役（兼任）を仰せつかったのは、時代の要請だったのかもしれない。

社会の弱者に救いの手を

火盗改とは、泣く子も黙る江戸の特殊警察である。放火・強盗などの凶悪犯罪が専門で、独自の機動力と特権を与えられていた。守備範囲は関八州《かんはっしゅう》におよび、武士・町人の区別なく検挙、逆らう者は容赦なく斬り捨てる。
江戸中の悪党を震え上がらせた火盗改のなかでも、長官・長谷川平蔵の名は特に恐れられた。配下にも一切付け届け（賄賂《わいろ》）が効かないうえ、多くの密偵を使って情報収集、自らも見回りに出張り、手段を選ばず罪状を糾明する「鬼」だったからだ。「悪を知らぬ者が悪を取り締まれるか」の名台詞どおり、無頼の青春で培った人間観察力、勘、情報網が強力な武器となったことはいうまでもない。

その平蔵が、松平定信に人足寄場の設置を建議したのは、１７８９（寛政元）年末のことだった。当時、江戸では「薦被《こもかぶ》り」（四斗樽ではない。着る衣もない無宿人のこと）が大量発生し、社会問題になっていた。定信は評定所に一計を案ずるよう命じたが、妙案はなく、志ある幕臣に諮ったところ平蔵が応じたのだ。

建議案は、人足寄場を建設し、無宿人とコソ泥などの軽犯罪者を収容するというものだったが、それが単なる強制収容所ではないところに彼の独創があった。すなわち、職業訓練によって手に職をつけさせ、更生・社会復帰させるという世界にも先例のない施設だったのだ。上申書で「悪人にても人に御座候《ござそうろう》」と述べた平蔵は、江戸の暗黒面に踏み入り、人間の心の闇を覗き見ていたからこそ、世間からはみ出した無宿たちの性根と行動が理解できたのである。

画期的な自力更生施設

人足寄場の建設地には、四方を水に囲まれた要害の地として、築地湊の対岸に浮か

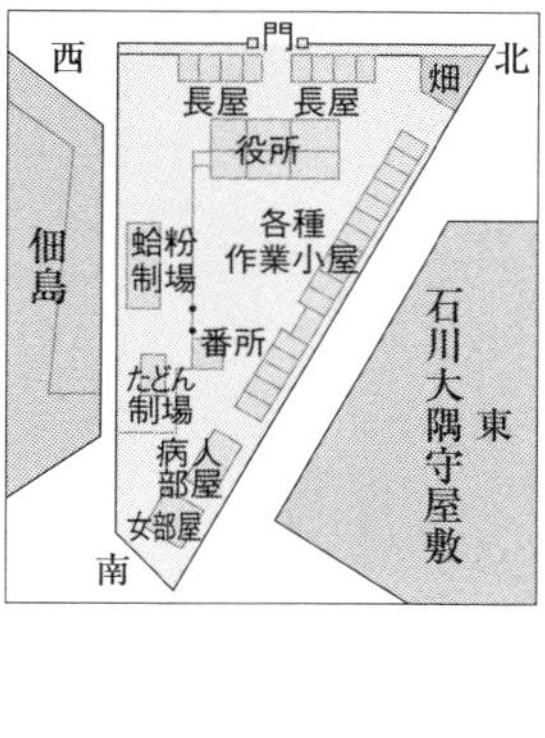

竣工当時の人足寄場。紙漉、鍛冶、左官、大工、髪結、縄細工、炭団などさまざまな作業場がつくられた
（大田南畝『一話一言』より作成）

ぶ石川島が選ばれた。佃島との間の葭沼《あしぬま》を埋め立てるには20人ほどの無宿人が使われたが、彼らは自分たちの住処ができると大喜び、工事は順調に進んだ。かくて、翌年2月、三角形に造成された約1万6030坪の土地に、40人収容の長屋3棟と役所、女部屋、病人部屋、作業場などを配した人足寄場が完成する。

ここでは、自分稼《じぶんかせぎ》（自力更生・自給自足）が原則とされた。人足たちは各自に合った作業を選び、作業収入の3分の2を稼ぎとして受け取り、残りは自立資金として積み立てた。仕事に精を出し立ち直った者には元手や道具を持たせて出所させ、農家の出であれば相応の田畑を与えた。一方、怠けたり言いつけを守らぬ者は仕置きを受け、盗み、博打、島抜け（脱走）を働いた者は死罪であった。授産・救済と教化・矯正、いわばアメとムチの処遇は、日本の刑務施設に特有の規律のよさや官吏への信頼感の源初となる。

人足の目印としての入墨や耳輪は禁止され、男には髷《まげ》、女にはお歯黒が許された。柿色に水玉を染め抜いた法被《はっぴ》を着用させ、成績に応じて水玉の数を減らす点数制をとった。寄場の外での作業や買い物をさせた「外使い」は、仮釈放の原型と見ることができる。

作業は朝五ツ（午前8時）から夕七ツ（午後4時）までの8時間労働、月に3日、盆と正月に数日ずつの休みがあった。入浴は毎日。食事は自炊で、朝はみそ汁、昼は野菜の煮物、夜は香の物と梅干がつき、自分の稼ぎから魚やおかずを買ってもらうこともできた。正月三が日は雑煮と塩鮭、五節句は小豆飯、盂蘭盆《うらぼん》はそうめん、暑気払いには枇杷葉湯《びわばとう》とどじょう汁、仲秋にはだんご汁が出た。創立記念日の2月19日は作業を休み、赤飯と煮しめがふるまわれた。また、毎月三の日には心学の講義を設けて道徳を説き、人足たちも熱心に聴講したという。

人足寄場は、小伝馬町の牢屋敷とはまったく性格を異にする新しい施設として、社会の底辺に生きる人々に希望を与えた。

現在も生きる平蔵の理念

人足寄場創設以来、江戸市中では行き倒れや無宿人が激減し、入所者は毎月増える一方となる。それにつれ、資金の調達が平蔵の頭を悩ませた。幕府から支給される年３００両と米３００俵では、とても経費は賄えない。そこで平蔵は、破天荒な手段で不足分の補填を図る。なんと銭相場に手を出すのである。今でいう財テクで、父親譲りの理財の才が功を奏したわけだ。おかげで「山師」呼ばわりされるが意に介さず、平蔵は寄場の維持存続のために奔走する。生来の正義感と職業意識、弱者に対する優しい眼差しが、彼を支えた。

瞬く間に2年が過ぎた。幕府は寄場の運営は軌道に乗ったと判断し、平蔵を寄場扱いから解任する。平蔵にしてみればさてこれからという矢先、無念の気持ちもあったろう。再び火盗改に専念、捕物《とりもの》の冴えと名裁きぶりで「今大岡」と称された平蔵はしかし、積年の激務からか病に伏す。将軍家斉《いえなり》より秘薬を賜るなど破格の見舞いを受けるが、１７９５（寛政７）年５月、50年の生涯を閉じた。

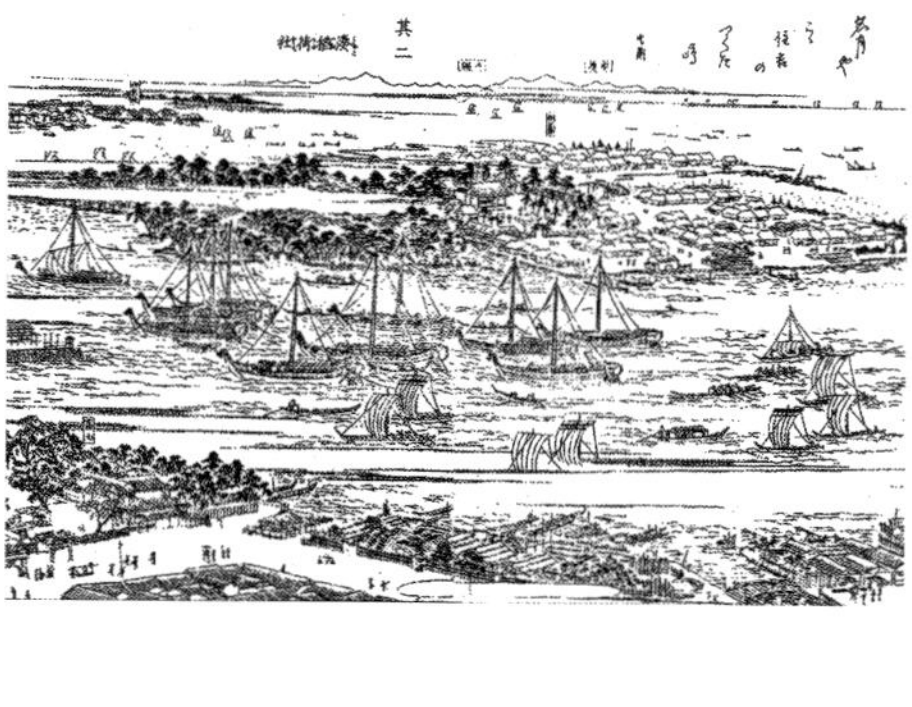

江戸時代末頃の石川島と佃島。中央に浮かぶ島の中心に住吉神社、右手前に人足寄場が見える（『江戸名所図会』より）

人足寄場は、その後も安定して機能し続け、幕末には年間500〜600人を受け入れるほどに拡張した。近代的な授産更生施設のモデルとなり、旧来の刑罰思想を一新させる役割を担った。

明治維新後、新政府の管轄下「石川島懲役場」「石川島監獄所」と改まった人足寄場は、1895（明治28）年、老朽化により取り壊される。その性格は時代とともに刑務的色合いが強まったが、受刑者を人間として扱い、社会復帰を助けるという理念は受け継がれた。施設は巣鴨監獄、府中刑務所へと移転したが、府中刑務所内には、平蔵が石川島の人足寄場に祀った稲荷が今に伝わり、毎年初午には祭りが営まれるという。

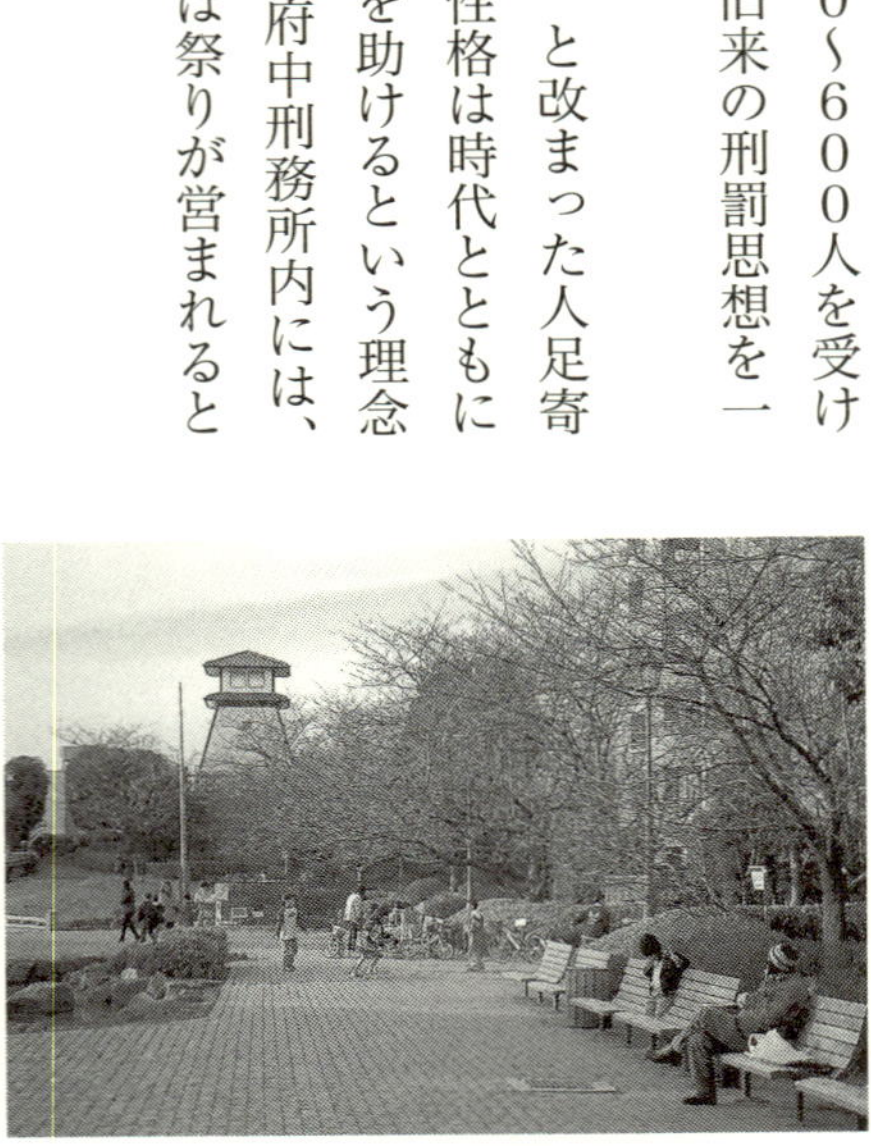

寄場の西南端に建てられた灯台は、佃公園の整備に伴い復元された

主な参考文献
『長谷川平蔵その生涯と人足寄場』（瀧川政次郎著／中公文庫）『鬼平長谷川平蔵の生涯』（重松一義著／新人物往来社）『江戸・東京を造った人々』（「東京人」編集室編／都市出版）

第2章

開国前夜

伊能忠敬
永井長治郎
久米栄左衛門
鈴木牧之
二宮金次郎
堀田正睦
江川坦庵

文・渡辺一郎　伊能忠敬研究会名誉代表

ニーズを先取りし日本を実測した老商人

伊能忠敬

いのう・ただたか　１７４５〜１８１８。幼名三治郎。１７６２年に林大学頭より忠敬と名乗りをもらい、下総国佐原村の酒造家伊能三郎右衛門家に入婿する。村役人として村政に尽力し、隠居後は江戸に出て天文学を学んだ。１８００年から17年をかけて日本各地を実地測量した。

意外と知られていない素顔

伊能忠敬は戦前は偉人とされた。国定教科書に登場したから中高年の方にはよく知られている。勤勉とか師弟という項目の教材であった。現在では社会科の教科書に、初めて実測によって日本地図をつくった人物として紹介されているから、小、中、高校生にも名前だけは知られている。

ところが、かつて偉人とされた反動かもしれないが、伊能忠敬を調査する研究者は多くはない。全般的に古文書や歴史の研究は進んだが、なぜか伊能忠敬は置き去りである。最近では忠敬の日本地図展や伊能ウォークをキッカケに、彼の生き方が新聞・

テレビなどで注目されているのだが、10年前くらいまでは小説とか映画・演劇の世界でも、忠敬は地味なので題材になりにくいとされてきた。ただ一つの例外は作家井上ひさし氏の『四千万歩の男』である。小説のなかで忠敬を縦横無尽に働かせて好評を博した。

忠敬は1745（延享2）年、九十九里の小関《こぜき》村に生まれ、満17歳の時に多古《たこ》の平《ひら》山藤《やまとう》右衛門《えもん》家の養子というかたちをとり、林大学頭《はやしだいがくのかみ》の門人平山三治郎忠敬《さんじろうただたか》として佐原の酒造家伊能三郎《さぶろう》右衛門《えもん》家に婿入りする。入夫以前の話は断片的で、あまり伝わっていない。忠敬が入った頃の伊能家は衰退しており、大いに働いてこれを立て直した、と偉人伝はいう。しかしこれは忠敬を持ち上げるための粉飾である。最近の調べでは、入婿2年前の酒造の店卸し帳が見つかっているが、酒造高1200石、利益84両をあげており、衰退というのはあたらない。

伊能忠敬像。測量に同行した弟子の青木勝次郎の筆とされる（伊能忠敬記念館蔵）

偉人伝の粉飾は別にして、忠敬が成功した事業家であったことは間違いない。何で稼いだかといわれると今一つはっきりしないが、事業は酒造、水運、金融業で、米穀売買も手がけていた。隠居時の家産3万両といわれてきたが、これについては1794（寛政6）年1月（忠敬隠居の年）の店卸し帳が残っている。8

８２１両の入金と４０２４両の出金で４７９７両を持ち越している。金銭の出入りから見て、資産３万両は口碑ではあるが納得できる数字である。現在の世の中にあてはめると、忠敬は資産40～50億の個人会社のオーナー社長というわけで、成功した事業家というには十分であろう。

隠居したのが49歳。あとは商家の楽隠居として、安楽に暮らしてもよかった。ところが持ち前の好奇心から、50歳の時江戸に出て、高橋至時《よしとき》を師匠として天文・暦学を学び始める。行きがかりから、55歳になった伊能忠敬は身内の20歳前後の若者たった５人を連れて蝦夷地《えぞち》へと測量の第一歩を踏み出す。今なら中堅企業のオーナー社長が新入社員を５人だけ連れてベンチャービジネスに挑戦するようなものである。

１日の歩測距離は40㎞

伊能忠敬が日本測量を始めたキッカケについてはいろいろいわれるが、必ずしも明確ではない。彼自身、時と場合により「緯度1度の距離を測るため」とか「よい地図をつくります」と抱負を述べたりしているし、先輩の間重富《はざましげとみ》は忠敬の蝦夷地測量を評して「人の目を覚ますようなことをするために出かけた」といっている。ただ、忠敬の先々代伊能景利《かげとし》は隠居後、『部冊帳《ぶさっちょう》』という佐原村の古記録を編述し、一方で『景利日記』という膨大な日記を残した。忠敬宅と小野川をはさんで向かい側に家がある親類の伊能茂左衛門《もざえもん》は、隠居後江戸に出て国学者として名をなしている。忠敬も何かやらなくてはという思いは、普通の人よりは強かったと思われる。

千葉県佐原市にある伊能忠敬旧宅。忠敬の設計による建築と伝えられている

忠敬は、初めは日本全土を測量する気は、多分なかったであろう。しかし、第1次の蝦夷地測量では合計180日かけて3200kmを歩き、74回の天体観測を行う。1日の歩測の距離は多い時は40kmに達する。第2次の本州東海岸測量では230日かけて伊豆半島と三陸沿岸の複雑な海岸線などを3200kmも測る。丁寧な測量が認められ、第3・4次の測量では個人事業ではあるが、幕府勘定奉行から先触れが出され、ほぼ100%の経費を支給される準幕府事業に昇格した。

第4次測量までの成果をまとめた日本東半分の地図の作成には、精度とともに美観も十分考え、絵師の協力を得るなど、表現にも並々ならぬ努力をして提出する。幕閣では非常に好評を博し、将軍家斉《いえなり》の上覧を受けることになる。

この時の地図を沿海地図と略称するが、世間の評判になったらしく、諸侯からの頒布希望が多く、現在でももっとも多くの写しなどが現存する。上呈後、身分は低いが幕臣に登用され、測量が幕府直轄事業に昇格し西日本全域を測量することになる。

西国測量では、老中より諸藩と沿道の村々に、天文方（注1）手附《てつけ》の伊能が廻国するのでよろしくと先触れが出され、諸藩と沿道の町村の手厚い援助を受けて作業が行われた。

その一方で、幕府側の伊能測量に対する真の狙いは、いろいろ調べてみてもよくわからない。伊能図が幕府内であまり使われた形跡がないのである。北方警備とか沿岸防備の資料にとよくいわれるが、警備を命じられた諸藩に貸与されていないし、幕末まで公刊もされていない。世間に流布していたのは実測図ではない赤水図《せきすいず》（水戸藩の

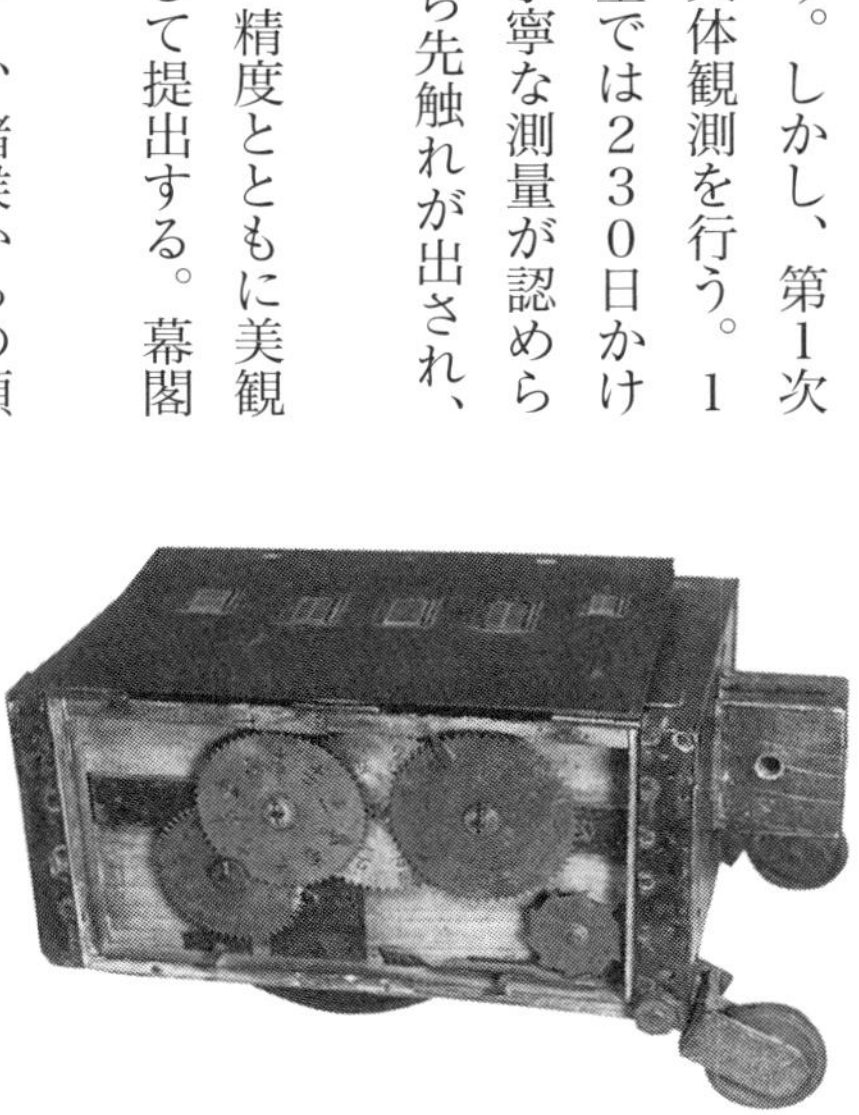

忠敬の使用した量程車（りょうていしゃ）。箱を引いて歩けば車輪の回転数が目盛りに表示される（伊能忠敬記念館蔵）

注1
天文や暦を司る幕府の役職。

長久保《ながくぼ》赤水によって製作された地図）であった。また、隊員は測量結果を付き添いの藩士に教えることを禁止されていた。こうしたことから考えると、幕府の狙いは徳川家のための私的な地図製作であったと推測される。

忠敬はもちろん、幕府の真の狙いは承知していたであろう。しかし、自ら世界図を手写しているし、大槻《おおつき》玄沢《げんたく》、司馬《しば》江漢《こうかん》、近藤重蔵《じゅうぞう》、佐藤一斉《いっさい》、江川太郎左衛門など当代一流の先覚者、文化人との親密なつき合いがあり、正確な地図がこれからの社会に必須であることも理解していたと思う。幕府の狙いがどうであれ、忠敬自身は将来を見すえて仕事をしていたに違いない。

１０８年生きた伊能図

忠敬の狙いは見事に的中した。彼が残した伊能図により20年後にシーボルトが正しい日本の地形を世界に知らせることになる。また、40年後の１８６１（文久元）年には英国測量艦隊に渡されて日本近海の英国海図が大改訂される。50年後の１８７１（明治４）年から伊能図に基づいた日本地図が続々と刊行される。国土地理院の前身・陸地測量部は伊能図などを資料に、民間用として「輯製《しゅうせい》二十万分之一」という暫定的な国土基本図を作成し、三角測量の進捗により逐次置き換えたが、最終的に姿を消すのは１９２９（昭和４）年発行の屋久島・種子島図が最後であった。部分的には幕府提出の１０８年後まで伊能図は生きていたのである。

49歳で隠居した商人伊能忠敬が始めたボランティア活動は、国家百年の計に、とて

忠敬が作成した『大日本沿海輿地全図』（部分／神戸市立博物館蔵）

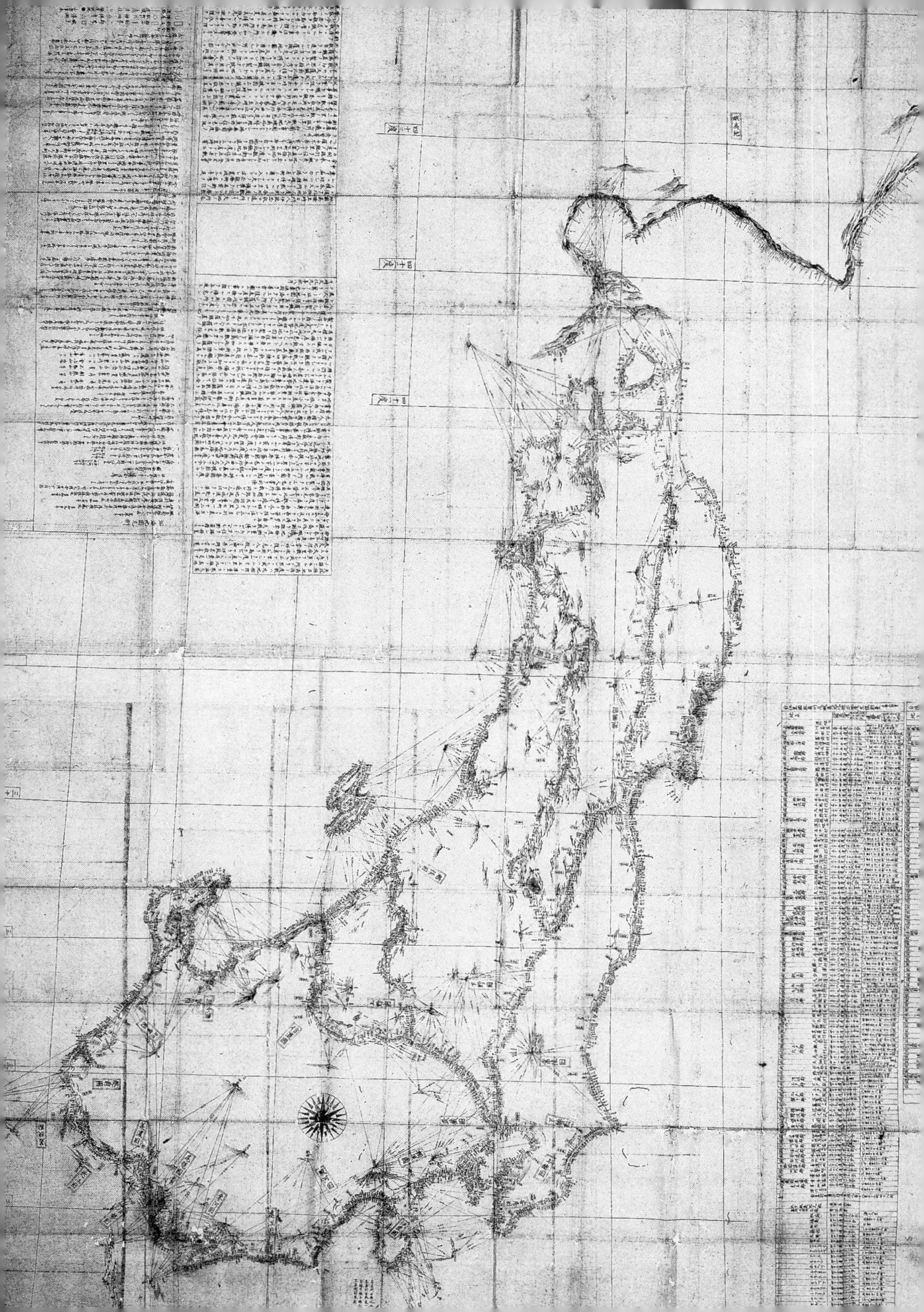

つもなく大きな貢献をしたのである。忠敬がどの程度意識していたかは別として、結果的には正しく時代を先見した行動であった。このことを特に強調したいと思う。若者は50年後、100年後の将来を見つめてほしいし、中高年は第二の人生の生き方として、忠敬を参考にしてほしいと思う。

私は忠敬は決して天才でも偉人でもなく、よい点も悪い点もある普通の人であったと認識している。ただ、いささか好奇心が強く、凝り性で、根気がよい性格だった。事業を引退したあとは目先の利害に関与せず、次世代のための仕事に熱中した。大変運がよく、次々に強力な支援者があらわれて順調に作業が進み、とうとう日本中を測ってしまったのだと思っている。刻苦勉励《こっくべんれい》したのではなく、村々の支援を受けて楽しく測量旅行を続けたのに違いない。

文・瀧沢典枝　群馬県立文書館嘱託

日本最古の廻り舞台を赤城に残した水車大工

永井長治郎

ながい・ちょうじろう　?〜1876。詳細な略歴は不明。上野国上三原田村字北谷戸生まれと伝わる。代々水車大工を営む家に生まれ、見事な機構を備えた水車や廻り舞台、刎橋などをつくった。

現代に生きる江戸時代の職人技

群馬県勢多郡赤城村は県のほぼ中央に位置する赤城山西麓の農村である。村のキャッチフレーズである「緑と文化財の里」が示すように、自然に恵まれ、村内には9ヵ所にもおよぶ国や県の指定文化財がある。なかでも1819（文政2）年建築の「上《かみ》三原田《みはらだ》の歌舞伎舞台」では、断続的にではあるが1976（昭和51）年まで実際に歌舞伎が上演されていた。

その後、しばらく上演は途絶えたが、1994（平成6）年に舞台の保存修復工事が実施され、まちの遺産を見直す気運が高まった。また、建物の保存とともに、多くの特殊機構を持つ舞台操作技術も伝承するために上三原田歌舞伎舞台操作伝承委員会が結成され、映像と資料による記録保存も行っていくことになった。そして、拍子木1丁を合図に舞台の役者と操作する人々が一体的に繰り広げる歌舞伎の上演が復活し、１９９７（平成９）年には前年の試し公演に続いて本公演が行われた。以後も年1回の試し公演が続けられ、本年も開催が予定されている。

江戸時代、上野国《こうずけ》（現・群馬県）でもっとも重要な産業といえば養蚕製糸業であり、各地に養蚕・製糸・織物地帯が形成され、大消費地江戸の経済圏という立地条件もあって桐生の絹織物をはじめとして画期的な発展を遂げた。そのため、比較的早くから江戸の文化も導入され、各分野で広まっていった。なかでも歌舞伎や芝居は、村の祭礼などの時に江戸の役者や各地を巡業する一座を呼んで上演され、農民の娯楽の一つであったが、江戸中期頃から赤城西南麓の村々では人形浄瑠璃や歌舞伎を農民自らが習得して演じる「地芝居」が盛んに行われていたのである。それが現代まで脈々と継承されてきた背景には、地元の人々の文化的素養はいうまでもないが、建築学的にも評価されている舞台の存在が大きな位置を占める。

上三原田歌舞伎舞台の建築を請け負ったのは、地元の水車大工永井長治郎である。長治郎は上三原田村字北谷戸《きたがいと》の生まれと伝えられ、１８７６（明治9）年に死去した時、84か85歳だったといわれているので、生年は寛政《かんせい》年間（１７８９〜１８０１）であると考えられている。永井家は代々水車大工を営み、彼の弟の文五郎、文五郎の子である又八・直吉兄弟も水車大工であった。

水車大工は、水車を設置する場所の地形や水量などからその構造を考え、それに独自の創意・工夫をこらした水車を作製する。そのためには卓越した技術と創意・工夫の両面の技能が不可欠である。長治郎の才能は水車にとどまらず、廻り舞台や、ここでは触れないが急流に刎橋《はねばし》を架けるなど各方面に向けられた。

舞台随所に見られるからくり技術

上三原田歌舞伎舞台の構造は萱葺寄棟造《かやぶきよせむね》りで、間口が5間（約9m）、奥行が4間（約7・3m）であり、外見は板壁で囲まれているため一見納屋のようである。その建築学的価値については、舞台操作伝承委員会がまとめた『上三原田歌舞伎舞台』に次の点が挙げられている。

①ガンドウ機構・遠見《とおみ》機構

左・右・奥三方の板壁が外側に倒れ（ガンドウ返し）舞台面が2倍以上に広がり、倒された奥壁の奥に背景をつけることにより奥行きが深く見える（遠見）。

②柱立廻式《はしらたてまわし》廻転機構

平舞台いっぱいの廻転部（ナベブタ）が襖をはめ込んだ6本の柱に支えられ、これを押すことにより廻転させる独特の方式。

収納した状態の上三原田歌舞伎舞台（上三原田歌舞伎舞台操作伝承委員会提供）

③セリヒキ機構

セリというのは、普通奈落（注1）から役者がせり上がる機構をいい、これをスッポンというが、この舞台は二重と呼ぶ立体の小舞台を上下に重ね、天井・奈落の双方からせり上げ・下ろす「二重セリ」と呼ぶ機構である。これを用いる場面では、ナベブタをまわしながら上下することが多く、このような機構は、国内はもとより世界に例を見ない特殊な珍しいものである。

また、寄席は杉の木でアーチ型の屋根（ハネギ）、座席は杉を組んで通路を区切る平土間席で、自然の地形を利用した傾斜に特色がある。

この舞台は1951（昭和26）年に県の重要文化財に指定され、その後、「歌舞伎系固定式民家型農村廻り舞台」として全国唯一、最古のものであるとして、1960（昭和35）年には国指定重要有形民俗文化財となった。

特殊水車の制作

1834（天保5）年以降、長治郎は、群馬郡上白井村（現・群馬県北群馬郡子持村）の伊熊に居住するようになったが、ここでも彼の創作意欲は遺憾なく発揮された。上白井村は子持山の東南麓に位置し、村内には水車を利用するような細流がなく、動力を生み出す方法がなかった。そこで長治郎は村の東端を流れる利根川の水流を利用することを考え、「ツンダシ（突出）水車《ぐるま》」と呼ばれる特殊な水車を考案した。

その構造は、利根川の急流に臨んだ崖上に水車小屋を建て、小屋の中央から長さ5

注1　舞台の床下に設けられた地下室のこと。

間（約9ｍ）・直径1尺（約30・3㎝）、八角形の欅材でできた軸木を急流の上に突き出す。そして、その先端に直径24尺（約7・3ｍ）の銭輪《ぜにわ》（水を受ける回転部）をつくり、長さ5尺（約1・5ｍ）・幅1尺の輪板8枚を取りつける。これを急流中に板の部分だけ沈下させ、激流の力を利用して軸木を回転させ、小屋のなかの軸木に取りつけた万力（歯車）により動力を各所に伝導して、精穀・製粉を行ったのである。また、利根川の水流の変化に対処するためには、小屋のなかに車地《しゃち》（注2）を設け、これに太縄を巻きつけて、水位の高低に従い軸木を上下に調節できるようにし、洪水の時には軸木を高く持ち上げて流失を防止した。

このような構造の水車はほかに例がなく、「長治水車」とも呼ばれて村人に多くの便益を与え、多年にわたり珍重された。しかし、昭和初期に関東水力電気株式会社が水力発電所を建設し、利根川の水量が激減したため取り壊され、現在では写真にその姿をとどめるだけである。当時は現在のような文化財保護の認識は浅く、開発により多くの貴重な資料が破壊されたが、この突出水車もその一つである。

一方、烏川の高崎聖石《ひじりいし》橋の下流に創設した水車は船を利用したもので、「船車」と呼ばれた。平野部であるこの地方の人々の要求に応じて長治郎が考案・創設したものである。その構造は、幅広で長さ5、6間（6間は約10・9ｍ）の船をつくり、船上に小屋を設ける。それを川の中央の早瀬へ固定してつなぎ止め、船を直角に横断するように両舷から軸木を突き出し、その両端に銭輪を取りつけ、羽根板へ水流を受け軸木を回転させたもので、これは突出水車と同様の構造である。しかし、船車の場合は

注2
重い物にかけた縄の先を棒の軸に固定し、軸を回転させて縄を巻くことによって引き上げたりする装置。

伊熊のツンダシ水車

水位に従って船も上下するので自然に軸木を上下させることができ、また、洪水の際には、安全な場所まで船を移動することも可能であった。この船車は動力源のない平坦な地方では大変重宝され、烏川のほか利根川にも各所に設置されたが、次第に石油発動機などの普及に伴い衰退し、明治30年代頃には、ほとんど利用されなくなったようである。

このような船を使用しての水車動力の利用は、三河地方のガラ紡績にも見られる。矢作川《やはぎ》の水流を利用した舟紡績は、1877（明治10）年に愛知県幡豆郡横須賀村の鈴木六三郎により創設され、完成すると瞬く間に矢作川舟運の廃船を転用した舟紡績が広まり、明治30年頃には矢作川流域で100艘余りの船工場が見られたという。六三郎の考案した水車と長治郎の船水車の構造はほとんど変わらないものであり、どちらも地域産業の発達に多大な貢献をしたのである。

このように、永井長治郎は卓越した技術と独創によって、人々の生活に潤いと便益をもたらした。その功績は過去に残るばかりでなく、今また上三原田の歌舞伎舞台がよみがえることによって、赤城村のコミュニティを支える力にもなっているのである。

先進知識で坂出を再生した科学技術者

久米栄左衛門

くめ・えいざえもん　1780〜1841。名は通賢で、栄左衛門は通称。19歳からの4年間、大坂の天文学者間重富のもとで学ぶ。1809年に讃岐高松藩の天文方に登用され、坂出塩田の開発などで実力を発揮した。

塩のまち・坂出

本州と四国を結ぶ瀬戸大橋の四国側玄関口にあたる坂出市《さかいでし》。香川県のほぼ中央に位置し、雨が少なく日照時間が長いという瀬戸内海式の気候に恵まれている。しかしこの気象条件は、大量の水を必要とする水稲耕作には必ずしも適していない。ゆえにこの土地では、室町時代より前から乾燥に強い棉《わた》を栽培し、綿の生産を行ってきた。

江戸時代以降、この綿や砂糖とともに「讃岐三白《さぬきさんぱく》」と呼ばれ、讃岐（現・香川県）の経済を支えたのが塩である。なかでも坂出は、昭和30年代まで全国の塩の3分の1以上を生産し、「塩のまち」としてその名を知られていた。瀬戸内海式気候に加え、潮の干満差が大きく砂浜の多い海岸線を持つという地勢的条件が、塩づくりに好都合だったのだ。塩田での製塩業は、綿作をしのぐ坂出の地場産業であった。

『万葉集《まんようしゅう》』に、「網の浦（現・香川県宇多津町網の浦）の海処女《あまおとめ》らが焼く塩の思ひそ焼くるわが下ごころ」と藻塩草《もしおぐさ》（注1）を焼いて製塩する様子が詠われていることからも、讃岐中部における製塩の歴史の古さをうかがい知ることができる。しかし、坂出塩田が全国シェアの3割以上を占めるようになるには、ある人物の登場を待たなければならない。江戸時代後期の讃岐において、天文・測量、銃砲開発、土木、経済などの広い分野で当時最先端の知識と技術を誇った偉才、久米栄左衛門通賢《みちかた》である。

当代随一の学者に入門

久米栄左衛門は、１７８０（安永9）年、大内《おおち》郡馬宿《うまやど》村（現・香川県引田《ひけた》町馬宿）に生まれた。この頃には松平《まつだいら》氏が治めるようになっていた讃岐をかつて生駒《いこま》氏が領していた時代には、藩士だった家系である。父は海運業のかたわら農業を営んでいた。しかし、エレキテルなどで知られる平賀源内《ひらがげんない》とともに江戸時代の讃岐を代表する科学者といわれるその才能は、彼を生家にとどめてはおかない。7歳にして、大坂の時計屋で、修繕に6両かかるという時計を難なく2両で修理。すでにエンジニアとしての才覚を見せ、当代随一の天文学者である大坂の間重富《はざましげとみ》に19歳で入門した。

間重富は、日本に西洋天文学を導入した麻田剛立《あさだごうりゅう》の高弟である。１７９５（寛政7）年、同門の高橋至時《よしとき》が幕府から暦の改定を命ぜられ天文方に就任すると、商人のため

注1
古代、塩を採るのに用いたホンダワラやアマモなどの海藻。

天文方には任命されなかったものの、至時を助け寛政改暦を成功に導いた。ちなみに「伊能図《いのうず》」と呼ばれる精緻な日本地図を作成した伊能忠敬《ただたか》は、高橋至時の年長の弟子である。

商人のまち大坂有数の質屋を経営する間重富は、入手困難な西洋の文物や測量機器（測器）の購入に投資を惜しまなかった。さらに、腕の立つ職人を集め、入手したものを見本に次々と測器を製作・改良してもいた。重富の塾にいれば、教材に事欠かなかったのである。日本で一、二を争う天文学府に身を投じた若き栄左衛門は、ここに４年間学び、天文・数学・測量・地理を総合的に修めた。特に測量機器の製作と測量技術には、目をみはるものがあったという。

久米栄左衛門像（鎌田共済会郷土博物館蔵／香川県歴史博物館提供）

藩に塩田開発を建白

１８０２（享和２）年、23歳の栄左衛門は讃岐に帰郷する。讃岐高松藩８代藩主・松平頼儀《よりのり》が、天文と測量の才を見いだし登用したようだ。１８０６（文化３）年には自作の測器を携えて藩内の測量を行い、１８０８（文化５）年には、第６次四国沿海測量で讃岐を訪れた伊能忠敬の接伴・案内役を務めている。そして１８０９（文化６）

栄左衛門が自作した測量器具・地平儀（鎌田共済会郷土博物館蔵）

年、正式に藩天文方測量御用に任じられ、2年後には久米姓を名乗ることも許された。

この時期、国や藩を取り巻く状況は予断を許さなかった。幕府は、文化年間(1804~18)に入った頃からたびたび来航し通商を求めるロシア船に悩まされていた。鎖国を守りたい幕府は、1807(文化4)年にロシア船打ち払い令を発令。国際関係は風雲急を告げていたのである。そして讃岐藩では、引き続く凶作による藩財政の窮乏が極限にまで達していた。

間重富のもとで見識を広めていた栄左衛門は、これを看過することができなかった。1807(文化4)年には軍備に関する提案書「武備《ぶび》機械《きかい》鉤玄《こうげん》」を、1824(文政7)年には坂出の塩田開発などを進言する建白書を藩に提出する。ことに塩田の開発に対しては熱心で、栄左衛門は建白書に「もし自分の計画に見込み違いがあったなら、死罪も覚悟している。藩と貧民のためになるなら、命は惜しくない」とまで記している。

1826(文政9)年3月、願いは9代藩主・松平頼恕《よりひろ》に聞き入れられ、郷普請《ぶしん》奉行仮役を命じられた栄左衛門は工事に着手した。

多額の借財で大塩田を造成

だが、年4000石以上の収入増につながると栄左衛門が試算した開発事業の遂行は困難を極めた。当初栄左衛門が3年を予定していた工期は3年半を費やし、坂出塩田の竣工は1829(文政12)年8月。難工事であったこともさることながら、工費の調達に苦心したのである。

細々と製塩を行っていた海辺の寒村に、干拓によって塩田１１５町歩《ちょうぶ》（注２）と耕宅地１２０町歩を造成しようという一大プロジェクト。村域を２倍に、塩田を10倍に拡充する工事だけに、規模は決して小さくない。使役した人夫は延べ19万３８００余人、総工費は２万両に及んだという。しかしながら、財政が逼迫する藩から十分な助成を望むべくもなく、結局栄左衛門は私財の処分と親戚・知己からの借財とでこれを補填するしかなかった。１８３２（天保３）年暮れの時点で、栄左衛門の借財は１２６５両に達していたという。

塩田完成直後の１８２９（文政12）年９月、栄左衛門の功績を顕彰するため、藩主頼恕によって阪出（坂出）墾田之碑が建立された。以後、藩の奨励を受け坂出の塩田は順次拡大され、藩財政を大いに潤した。しかし、莫大な借財を抱えた栄左衛門が恩恵を被ることはなかった。

その後、ライフワークである銃砲の発明・改良にさらに傾注し、刮目すべき成果を残しながら、日の目を見ることなく余生ともいえる日々を故郷で過ごしたのである。

伊能忠敬に比肩する才能

開国へと向かう激動期にあって、彼の能力を理解し評価する者が讃岐高松藩にいなかったことは、栄左衛門と藩の双方にとって不幸だったかもしれない。のちに明治維新の原動力となる薩摩《さつま》藩や肥前《ひぜん》佐賀藩などの雄藩は、開明派の藩主が主導し、天保年間（１８３０～44）に西洋式砲術を導入している。それに比して、栄左衛門の主であ

注２
田畑や山林の面積を計算する単位。１町歩は約１ha。

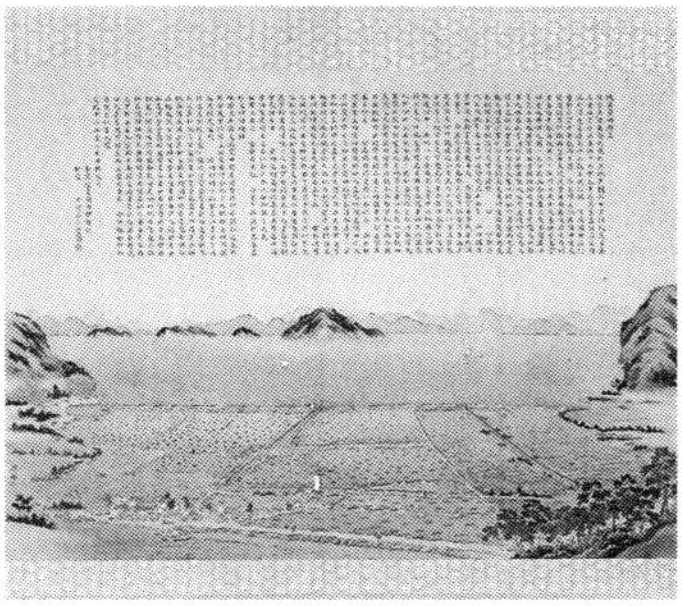
完成した坂出塩田を描いた坂出墾田図（高松松平家歴史資料／香川県歴史博物館保管）

る松平頼恕は優れた大名であるものの、栄左衛門の先進性を活かしきれるほど海外の情勢に明るいとはいえなかった。坂出塩田の開発後は大きな活躍の場を与えられぬまま、１８４１（天保12）年5月7日、久米栄左衛門は没した。享年62であった。

栄左衛門の持つ最先端の知識と技術は、後世に名を残した同時代のエンジニアと比べて遜色のないものである。例えば、１８０６（文化３）年に栄左衛門が作成した讃岐の地図は、のちに伊能忠敬がつくったものと同等以上の正確さを持ち、距離を算出する地平儀《ちへいぎ》という測器に関しては、忠敬の使用していたものの２・５倍の精度を誇っていたことがわかっている。また、銃砲における技術力の高さと創意工夫は、戦国時代から続く国友《くにとも》鍛冶の伝統に西洋の最新技術を加えた銃砲製作の第一人者国友一貫斎《いっかんさい》と肩を並べるものであった。ちなみにこの一貫斎は、栄左衛門より2年早い１７７８（安永7）年の生まれで、栄左衛門はライバル視していたという。

こうした栄左衛門の技術力を十全に活用していたら、幕末における讃岐高松藩の命運も変わっていたことであろう。実際には鳥羽《とば》・伏見《ふしみ》の戦いで幕府側についたことにより朝敵の汚名を着ることとなるが、最新鋭の大砲を武器に倒幕派内で重きをなした肥前佐賀藩と同様の影響力を、新しい時代のなかで保持できた可能性もあったのである。

今も生きる栄左衛門の知恵

栄左衛門がその礎を築いた塩のまち・坂出は、明治初年の廃藩《はいはん》置県《ちけん》によって香川県に編入された。

貿易自由化で外国産の安価な塩が大量に流入するとともに、海水を短時間で濃縮できるイオン膜製塩方式が開発されたことから、１９７２（昭和47）年、すべての塩田が国によって廃止された。結果、さしもの坂出も塩の生産量が減少する。しかし、塩の積出港として栄えた坂出港の整備により、港湾・工業都市として新たに発展。四国で唯一の小麦輸入指定港という利点を活かし、現在、三つの製粉工場が技術革新を競っている。塩のまちの伝統を守り最高水準の塩をつくり続けている製塩業者もあり、近年多くの観光客を集める讃岐うどんにこれらは使用されている。やはり塩は、坂出の発展と切っても切れないものなのである。

坂出における栄左衛門最大の功績は塩田開発だが、藩に砂糖の流通統制も建白している。彼は経世家として藩の運営に貢献しようとした。単にものをつくるだけでなく、タイムリーにそれを市場に流さなければ利益は生まれないと理を説いたのだ。土地の資源を活用・改良し、それを効果的に流通させることで地域を活性化させようという思想は、技術者の枠に収まらず、現代のまちづくりに通ずるものがある。

現在、坂出はさらなる発展を目指し、かつて栄左衛門も着眼した瀬戸内海の交流・流通拠点としての役割を強化しようとしている。塩やうどんなどの観光資源に加え、橋や港によって四国の玄関口となっている地の利も最大限に活用しようというのだ。進取の気性と幅広い視野に裏打ちされた久米栄左衛門の技術開発力には、今なお学ぶべき点が少なくないであろう。

主な参考文献
『久米栄左衛門―創造と開発の生涯』（香川県歴史博物館）『香川県の歴史』（山川出版社）

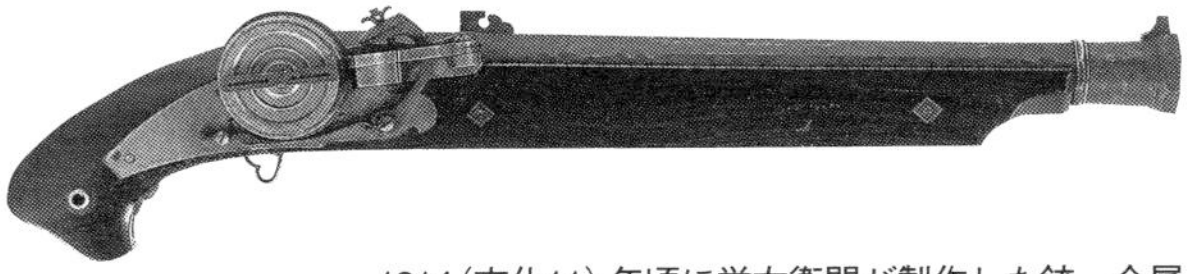

1814（文化11）年頃に栄左衛門が製作した銃。金属盤の回転で発火する新機構を搭載し、発射に要する時間が短い（西山登氏蔵／香川県歴史博物館保管）

文・本田雄二　新潟県立文書館文書調査員

雪国の暮らしと人々を活写した文人

鈴木牧之

すずき・ぼくし　1770〜1842。越後塩沢で縮の仲買と質を営む商人の家に生まれ、幼少の頃から文筆や書画に親しむ。江戸で滝沢馬琴や十返舎一九、大田蜀山人など著名な文人と交遊。『北越雪譜』や『秋山記行』などに生活や習俗を客観的な視点で描いた。

雪国の春

柳田《やなぎた》国男《くにお》は『雪国の春』のなかで、春の彼岸の墓参りの際に、墓の埋もれている辺りに心当たりの雪を掻きのけて、窪みをつくり香花《こうげ》を供えて帰る、という越後《えちご》南魚沼《うおぬま》地方の例を紹介している。

柳田はまた、「花の林を逍遥《しょうよう》して花を待つ心持ち、または微風に面して落花の行くえを思うような境涯は、昨日も今日も一つ調子の、長閑《のどか》な春の日の久しく続く国に住む人だけには、十分に感じえられた」と述べている。長いあいだの雪籠《ゆきごも》りのなかで、ひたすら春を待つ雪国の人々は、「長閑な春の日の久しく続く国に住む人」とは決定的に心持ちを異にしていたのである。

越後の雪と『北越雪譜』

越後の雪については、古来から歌に詠まれることは少なくないにしろ、実態を正しく伝えた詩文は皆無といってよい状況であった。越後人でさえ、都人《みやこびと》の風雅感覚におもねり、雪を美の対象と見なすことをよしとする風であった。こうしたなかで、越後塩沢の文人鈴木牧之は、40年の歳月を費やして1837（天保8）年に『北越雪譜《ほくえつせっぷ》』（初編）を刊行し、雪国の生活実態をストレートに紹介した。これはまさに、雪国越後にとっての最初の自己主張ともいえるものであり、雪を賞翫《しょうがん》の対象と見る暖国の人々に雪国の生活ぶりのどうあるかを、正確に伝えようとしたものであった。

鈴木牧之像（塩沢町教育委員会提供）

ところで、一口に雪国越後といっても、実際には雪のほとんど積もらない地域がある一方で、積雪が例年3mを超える豪雪地もあるのである。越後国内における積雪量の地域差について、牧之は「越後の地勢は、西北は大海に対して陽気なり。東南は高山連なりて陰気なり。ゆゑに西北の郡村は雪浅く、東南の諸邑《しょゆう》は雪深し」、「越後に於《おいて》も最《もっとも》雪のふかきこと一丈二丈におよぶは我住魚沼郡《ごおり》なり。次に古志《こし》郡、次に頸城《くびき》郡なり」

と記す。越後国内の魚沼・古志・頸城3郡を「雪国」と見なしているのである。

『北越雪譜』に見る雪国の春

柳田国男が『雪国の春』のなかで紹介している越後南魚沼地方こそ、まさに『北越雪譜』の舞台である。『北越雪譜』においても、春を迎える情景はいきいきと描かれている。旧暦2月の頃になると、山々の木々の梢の雪消えが進んでいく様子が、遠目にもはっきりと見えるようになる。この時期になると、早朝の冷え込みによって雪が凍りついて固まるため、雪の上をどこまでも進んで行けるようになる。そこで、この頃山に入り、伐った薪を橇《そり》に乗せて里まで運ぶ。橇を引く際には橇歌を歌う。山から帰る時に男たちの歌う橇歌が聞こえてくると、女たちが迎えに出て男たちを橇に乗せて、また橇歌を歌って帰るのである。はるかに聞こえる橇歌の響きは、雪国の春を告げる風物詩でもあった。

3月ともなれば日中の日差しと地温とにより、上から下から雪消えが進んでゆく。月末に至れば、みるみるうちに雪の丈が低くなる。こうしてようやく雪囲いを取り除き、家のまわりの雪を掘り捨てる。雪消えの際には、馬もよくわかっていてしきりにいなないて道に出ようとし、厩《うまや》から引き出せば喜んで跳ね上がる。子どもたちも冬下駄や藁沓《わらぐつ》を脱ぎ捨てて草履《ぞうり》雪駄《せった》になり、凧《たこ》上げなどに嬉々として走りまわるようになる。牧之は、春を迎えた喜びを「日光明々としてはじめて人間世界へいでたるこゝちぞせらる」と表現している。

冬の「雪国」・雪の災厄

雪国の春の待ち遠しさは、厳しい冬の対極にあるからである。『北越雪譜』の舞台である魚沼地方では、初雪は旧暦の9月末から10月初めにかけて見られ、翌年の3、4月まで雪が残る。つまり、1年のうちの約半年を雪の中で過ごすことになる。

家の造りは、雪に備えて太い柱を用い、明り採りのため天井を高くしておく。雪の季節を迎えるにあたり、家が雪に潰されないように屋根や柱・庇《ひさし》などを補修し、雪囲いをしておく。また、庭木の雪折れを防ぐために枝に保護を加える。雪中には野菜がなくなるため、土中に埋めたり、藁に包むなどして凍らないように貯蔵する。

真冬には、一昼夜に6、7尺から1丈（約3メートル）にも雪が降り積もることがある。屋根の上の雪の量が多くなると、雪の重みによって家が押し潰されないように、屋根の雪下ろしを行う必要がある。雪を下ろすことをこの地方では「雪掘り」という。単に雪を下ろすだけではなく、雪を木鋤《こすき》で掘って遠くへ投げ捨てるためである。普通の家では、男女を問わず、一家総出で雪を掘る。せっかく掘り終えた後にすぐさま大雪が降り、あっという間に元どおりに戻ってしまい、皆で嘆息をつくこともままあった。

吹雪や雪崩など雪国特有の災厄により、命を失うこともたびたびであった。村でも評判の孝行息子夫婦が、前年に生まれた孫の顔を見せようとして、嫁の実家に向かう途中で吹雪に見舞われ、凍え死んだ。翌日、通りかかった者が掘り出すと、赤子が母の懐にかくまわれ、両親の死骸のなかで声をあげて泣いていた、という悲劇の一節は読む者の涙を誘う。

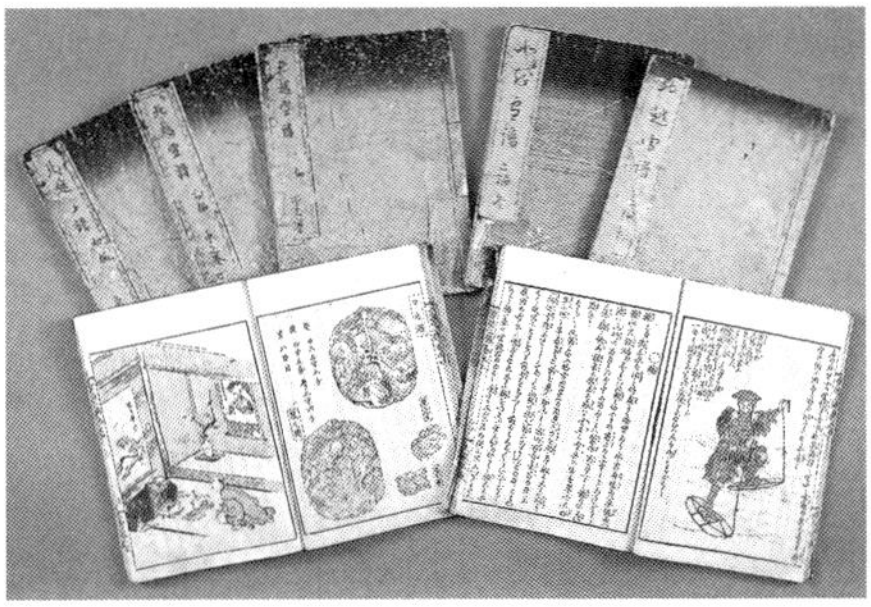

『北越雪譜』（鈴木牧之記念館提供）

雪国の和と知恵

牧之は、雪を月・花と同様に風雅の対象とする「中央」・暖国的な捉え方ではなく、あくまでも客観的に見すえている。時に雪を恨み、暖国に住む人々の境遇を羨《うらや》みつつも、雪国世界に温かいまなざしを注いでいる。「雪国に生《うまる》る者は幼稚《おさなき》より雪中に成長するゆゑ、蓼中《たでのなか》の虫辛《むしからき》をしらざるがごとく雪を雪とも思はざるは、暖地の安居《あんきょ》を味《あじわえ》ざるゆゑなり」と述べる。

雪は災厄をもたらすが、逆に利点も数多い。牧之は「雪の重宝なること」として、橇の便利なこと、縮《ちぢみ》の製作、雪ン堂（いわゆる「かまくら」）・田舎芝居の舞台桟敷《さじき》花道・辻売の商品陳列台などの製作、鳥獣の狩猟、家のまわりを覆うことによる暖房効果、魚鳥肉の防腐効果、河川の水源涵養《かんよう》などを挙げている。

町場では、家の前に庇（雁木《がんぎ》）を長く伸ばして往来の便を図る。いわゆるアーケードである。人家から下ろした雪で街路は完全にふさがってしまうが、この雪の上を通路とし、高低差のあるところは滑らないように階段をつくる。街路を隔てた向かい側の家との往来には、ところどころに雪の洞穴を掘り、庇から庇へ通えるようにする。雪道は一筋の細い道となり、ほかの場所を踏めばたちまちぬかって足をとられてしまうため、重荷を担いでいる人とすれ違う際には、たとえ武士であっても1歩脇へよけて道を譲るのが雪国の習いであった。雪中にあっては、和や互いの協力が尊重されるのである。

『北越雪譜』には、雪とともに生きる人々の暮らしや心情、さらには動物とのかかわりなども含めて、雪国の風俗習慣があまねく描き出されている。全体を貫いている雪国肯定、雪（という環境）との調和・利用の視点は、現代のまちづくりへのヒントともなり得べき点が少なくない。牧之はいう。「天地の万物捨《すつ》べきものはあるべからず。たゞ捨べきは人悪のみ」と。

1911（明治44）年頃の高田（現・上越市仲町）。背後に見えるのが雁木（上越市立総合博物館蔵）

文・童門冬二　小説家

「まちづくり」の精神で荒村を復興した農政家

二宮金次郎

にのみや・きんじろう　1787〜1856。名は尊徳（一般に「そんとく」と読まれるが、正しくは「たかのり」）で、金次郎は通称。生家の中堅農家が傾いたのを立て直し、続いて小田原藩家老服部家の家政改革断行。その手腕を見込んだ藩に登用され、荒廃した農村の復興に生涯を捧げた。

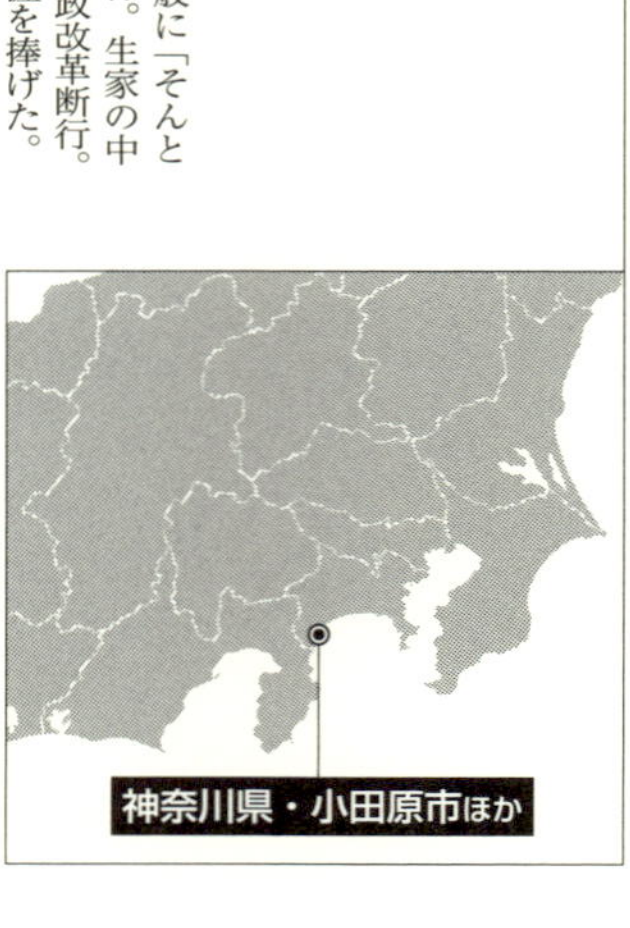

地域には〈徳〉が潜んでいる

〈尊徳〉という称号を持つ二宮金次郎は、戦争中に、「軍国少年の鑑《かがみ》」という扱いをされたために、戦後の評価は下落した。古い人のほとんどが、自分たちが学んだ小学校の庭に、薪を背負って本を読んでいる金次郎の銅像が立てられていたのを記憶している。しかし、この銅像も戦後は評価の変化によって取り去られたところが多い。

もともと、金次郎を「軍国少年の鑑」などという扱いをするのが間違いだ。二宮金

次郎は今でいう、

「まちづくりの先覚者」

だ。二宮金次郎のどこがまちづくりの先覚者だったのか、彼は荒廃した農村の復興に力を尽くした人物ではなかったのか、という反論があるだろう。が、その荒廃した農村の復興で試みたいわゆる「報徳仕法《ほうとくしほう》」と呼ばれる方法そのものが、現在のまちづくりに役に立つ。報徳仕法というのは、

「徳をもって徳に報いる」

という思想が根本に置かれている。つまり二宮金次郎にすれば、

「どんな荒れ地にも徳が潜んでいる。もともと、農耕作業は土に潜んでいる徳が、耕す側が蒔いた種を育て、実らせるのだ。しかし、土がこの徳を発揮するためには、耕す側にも徳がなければならない。耕す側の徳が鋤や鍬を通じて土に伝えられ、それに感じた土が徳に報いようと種を育てるのだ。まして荒れ地の場合は、耕す側がすぐ、この荒れ地はだめだとか、不毛の土地だとかと見限ってしまう。それはまだ耕す側が、自分側の徳を十分に荒れ地側に伝えていないといっていい。そうなると荒れ地のほうも、耕す側が中

二宮金次郎像（報徳二宮神社蔵／報徳博物館提供）

途半端で投げ出してしまった徳に対し、応えようとはしなくなる。だから、荒れ地が不毛だというのは、耕す側の努力が足りないからだ」

という考え方を示す。

二宮仕法は三助方式

そして、この報徳仕法というのは、次の、
・分度《ぶんど》を立てる
・勤労（あるいは勤苦）する
・余剰分が出たら、ほかに推譲《すいじょう》する
という柱によって組み立てられている。このことを現在のまちづくりに応用すれば、分度というのは、
・「そのまちが持っている資産・資力を徹底的に、調査し、その実体を把握する」
ということになる。

そして、それに応じた計画を立てる。

この「徹底的な資産・資力の調査」には、当然「人力」が入る。それはその地域に住む人々の資質や、能力なども入る。

勤労（勤苦）というのは、
・「まちをつくる側の徳を、つくられる側に伝える努力」
のことだ。推譲はもちろん、

・「余剰分を、互いに差し出し合う」

ということだ。そうなると、現在のまちづくりにおけるこの二宮金次郎の考え方の応用は、次のように考えることができるだろう。つまりまちづくりというのは、一人ではできない。それぞれの助け合いが必要だ。わたしはこれを、

「三助《さんじょ》方式」

と考えている。三助方式というのは、

・公助《こうじょ》（公、すなわち役所が手を差し伸ばすこと）
・互助《ごじょ》（コミュニティで、近隣同士が手を差し出し合うこと）
・自助《じじょ》（自分で自分に手を差し出すこと）

のことである。順序は問わない。場合によっては自助が先にくることがあるだろうし、あるいは互助が先にくることがあるかもしれない。しかし、いずれにしてもこの、

「三つの助け合い」

によって、まちづくりは進展する。そうなると、金次郎のいう、

「推譲の精神」

が絶対に必要になる。自分のことだけ考えていたのでは、

「自分だけでなく他人も喜ぶまちづくり」

はできない。金次郎が目指した村落共同体（すなわちコミュニティ）は、

「お互いの富を差し出し合う理想郷」

の実現であった。

二宮金次郎の生家（報徳博物館提供）

まちづくりとは恒産づくりのこと

中国古代の思想家孟子《もうし》が、

「人間には〈忍びざるの心〉がある」

といった。忍びざるの心とは、

「他人の不幸や悲しみをそのまま見るに忍びない心」

のことだ。孟子はこれを〈恒心《こうしん》〉と名づけた。しかし彼は、

「恒産なければ恒心なし」

といい切った。恒産というのは、ある程度の財産や収入のことである。孟子のいうのは、

「人間は善意で、誰もが忍びざるの心を持っているが、しかし生活に事を欠くような状況ではこの恒心も発揮できない」

ということだ。二千年も前のことばだが、現代でも説得力を持っている。

恒産というのは単なる個人の財産と考えずに、

「地域共有の財産」

と考えたらどういうことになるだろうか。それは住宅・学校・福祉施設・道路・上下水道・ゴミの処理場・市民会館・保育園・図書館などのあらゆる「施設」のことではなかろうか。だとすれば、これらの施設を整えることは、〈インフラストラクチャー〉であって、すなわち、

「生活基盤の整備」

小田原藩大久保家の分家の所領だった栃木県芳賀郡に残る桜町陣屋跡。金二郎によって復興された

になる。生活基盤の整備とはことばを変えれば、そのまま〈まちづくり〉のことだ。したがって孟子のことばは二宮金次郎の報徳仕法に重ねて考えれば、

「人間が、他人に対して優しさや思いやりを持てるようになるのには、なんといってもまちづくりがしっかり行われなければならない」

ということになるだろう。わたしはまちづくりの目的を、

「その地域に住む人々が生きがいと死にがいを持てること」

だと考えている。生きがいだけではだめで、

「ここで死んでもいい」

と思えるような、魅力を生むことだ。この魅力がそれぞれのまちで実現されればそれがすなわち、

「そのまちのC・I（コーポレート・アイディンティティー）、地域特性」

ということになる。したがって、日本各地におけるまちづくりの競い合いはそのまま、

「他地域に住んでいる人々をも誘い込めるような魅力の生産」

ということにつながっていく。が、このまちづくりを二宮金次郎は、

「積小為《せきしょうい》大《だい》」

といういい方で地道な努力を求める。積小為大とは、

「小さなことを積み重ねて、大きなことに立ち至る」

ということだ。金次郎は、

「1000里の道も1歩歩き出すことから始まる」

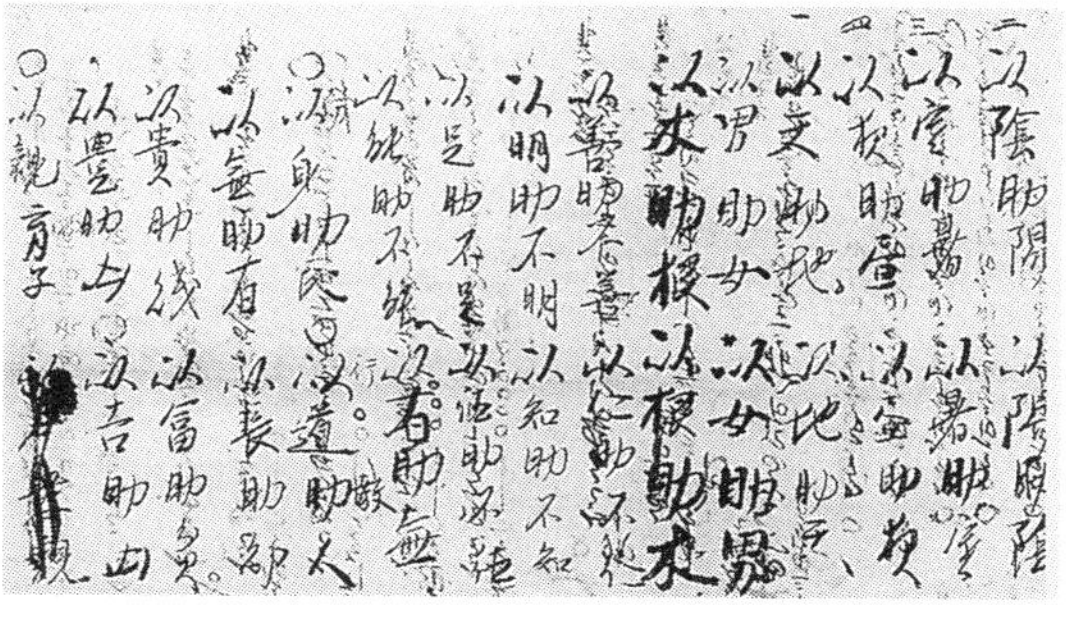

尊徳遺墨断簡。金次郎は漢字もよく勉強し、独特の思想を生んだ（報徳博物館蔵）

「100万円の貯金も、1円を大切にすることから始まる」

といい続けた。これもまた、まちづくりにとって必要な、

「時間と根気」

につながっていく。そう考えると二宮金次郎の主張する報徳仕法は、そのまま現代のまちづくりに応用できる、

「哲学を含んだ具体的な考え方」

といっていいだろう。

蘭学の都・佐倉で人材育成に賭けた開明派大名

堀田正睦

ほった・まさよし　1810〜1864。佐倉堀田家5代藩主として寺社奉行、大坂城代などを歴任し、1841年には老中となり天保の改革に参画した。改革失敗に伴い老中を辞してからは藩政改革に専念。1855年に老中再任、1858年に日米修好通商条約を締結した。

譜代の名門に生まれて

昭和40年代から大規模な宅地開発が進められた佐倉市は、現在、17万人以上という千葉県内7番目の人口を擁するベッドタウンである。東京や千葉市への交通の便が人気を呼んでいるこの辺りは、古代から、印旛沼《いんばぬま》周辺の豊富な水と緑の豊かさを求めて人々が暮らす場所だった。

中世には千葉氏が本拠を置き、下総《しもうさ》（現・千葉県北部）の政治・経済的中心となった同地は、江戸時代には、幕府から江戸城防備の東の要として重要視され、譜代の重臣が配置されるようになった。1746（延享3）年に8代将軍・徳川吉宗《よしむね》の寵愛を受けた堀田正亮《まさすけ》が入国して以降は、大老や老中の重職を担ってきた名門堀田家が、明治維新まで佐倉11万石を支配することになる。

1810（文化7）年8月1日、この家に一人の男子が生まれた。幕末に老中首座を務め、日米修好通商条約調印の立役者となる堀田正睦である。

市井で育った少年時代

堀田正睦は、佐倉堀田家3代の正時《まさとき》を父に持ち、初代正亮の孫にあたる。母が側室だったため、江戸城から離れた江戸広尾台（現・渋谷区広尾）に別邸として設けられた佐倉藩下屋敷に住まい、のびのびと育てられた。

正睦は、小鳥を愛する心優しい少年だった。木の実を集めてすり鉢で砕き、屋敷の庭へ集う鳥に餌として与えることを楽しみにしている正睦に対し、ある日、近習《きんじゅ》の一人が声をかける。

「神田や浅草などの繁華街へ行けば、もっと美しくて声もきれいな鳥を売っていますよ」

すると正睦は左手を突き出し、親指と人差し指で丸をつくりながらほほえんだ。

「これがないぞよ」

この頃の佐倉藩は、房総地域最大の11万石を領しながら、歴代藩主が幕府重職を歴任し出費がかさんだことなどから、数十万両に及ぶ財政赤字に悩まされていた。嫡子であれば、こうした困窮を身をもって知る機会は少なく、また、帝王学の習得を義務づけられて小鳥に親しむ時間など与えられずにいたことだろう。庶子の正睦は、大藩の殿様候補が一般的には経験しない市井とのかかわりのなかで成長したのである。

しかし、正睦が13歳の時に状況が一変する。正時の甥で、養子に入りその跡を継いでいた4代藩主・正愛《まさちか》が、子を残さずに病の床に就いたためだ。後継者に関して藩論は二分される。支藩である佐野堀田家から、東北一の雄藩である仙台藩伊達家出身の当主正敦《まさあつ》の子正脩《まさなが》を迎えんとする勢力に対し、物頭《ものがしら》の渡辺弥一兵衛《やいちべえ》らが堀田家の血統を引く者が跡を継ぐべきだと主張して正睦を推した。

一時は、正脩を迎えようという老臣たちの意見が優勢となった。しかし、家督を譲る正愛本人が正睦を指名したこともあり、正睦が世子に決定する。幕府の許可を得た正睦は堀田家を継ぎ、1825（文政8）年3月8日、16歳で佐倉藩主となった。

堀田正睦像（堀田正典氏蔵）

佐倉版・天保の改革

若くして藩主となった正睦は、自らを強力に推した渡辺弥一兵衛を側用人《そばようにん》に抜擢し、停滞する藩政の改革に取り組ませる。財政難のなか、藩財政を掌握する一部の上級藩士が華美な生活を送る一方で、給米を割り引いて支給されている藩士の士気が低下していたからである。財政立て直しと人心刷新が急務であった。

参勤交代により1年の半分を江戸で過ごしながら、自藩の問題点を洗い出した正睦は、1832（天保3）年より本格的な改革に着手する。権勢をほしいままにしていた家格の高い重臣たちを、名誉職を与えるなどして権力中枢から実質上排除し、有能の士を積極的に登用した。1833（天保4）年11月16日には藩士を佐倉城三の丸に集めて改革を宣言。具体的な救貧策を発表するだけでなく、改革の趣旨が文武両道を高めることにあると説いた。

まず、藩士を困窮から救うために行われたのが、一時金の貸し出しである。これは、返済期限を10年、利子を50両あたり1ヵ月1分とするもので、100石取りの藩士は20両、300石取りなら30両、30俵3人扶持《ぶち》なら10両などと、貸与する金額を定めた。結果、江戸の豪商などからどうにか融通した1万5000両は瞬く間に底を突いたが、この時貸し出しを希望しない藩士が45人いたことを喜んだ正睦は、刀剣や金子《きんす》などを下賜したという。

また、財政再建策の一つとして、藩士が死去した時に跡継ぎの家禄を割り引く制度が行われていたが、これにメスを入れた。学問や武芸を修めていない者が相続する場合はさらに家禄を減ずるが、文武のいずれかを規定以上に習熟していれば家禄を減じないように改めたのである。

以上の策で、停滞していた藩内の空気は一変した。しかし、藩士の意気が揚がっただけでは、肝心の財政立て直しは成就しない。支出を抑えるために士農工商の別なく華美を戒め、年貢徴収量を増やすために農村での技術指導にも力を入れた。

こうして正睦による佐倉藩の改革は大きな成功を収めた。老中首座・水野忠邦《ただくに》による幕府の天保の改革のようにかけ声倒れにならなかったのは、正睦が幼少期に市井を見聞して社会の実状を知っていたことと無関係ではないだろう。

人材育成のため蘭学を導入

佐倉藩の天保の改革によって文武両道に励むようになった藩士の受け皿として、正睦は藩校の充実にも力を注いだ。儒学中心に教授していた温故堂を拡充・改組して、１８３６（天保７）年に成徳書院《せいとくしょいん》を開設。この藩校は、武術・兵学・砲術から西洋医学をはじめとした蘭学まで幅広く学べる「総合大学」であり、藩士に限らず全領民を対象にしている点が画期的であった。

学問好きの正睦が特に好んだのが、実用的な蘭学である。支藩の佐野藩当主で洋学好きとして知られる堀田正敦が後見役だったため、その影響を少なからず受けたのだろう。成徳書院で芽吹いた蘭学に水を与えるべく、１８４３（天保14）年、江戸から招いた蘭医学者の佐藤泰然《たいぜん》に順天堂を創設させる。この私塾には、当時国内最先端の治療を実際に見ながら学べるということで、全国から優秀な医学生が集まってきた。

蘭学好きの青年大名に後押しされ、西の長崎とともに「蘭学の都」と並び称されるようになった佐倉。西洋の文物が流入しやすい長崎と比肩し得るほどの学都を内陸の地に現出させたのは、未来を見すえ「自藩も日本も実用的な人材を必要とするように

佐倉藩堀田家の居城佐倉城跡は、現在、佐倉城址公園として整備されている

なる」と考えた正睦の慧眼にほかならない。実際に佐倉からは、幕末より明治時代初期にかけて多くの人材が輩出されることになる。

開国を推進した現実主義者

佐倉藩での改革の成功が水野忠邦に認められた正睦は、１８４１（天保12）年、32歳で老中に任じられた。しかし、忠邦との意見対立がもとで2年後に早くも辞任。以後12年間は藩政に専心することとなる。その間、西洋砲術を導入して兵制を改革するなど先取性を発揮して幕閣の注目を浴び、１８５５（安政２）年、安政大地震直後の混乱のなかで再び老中に就任した。

この頃、地震以上に幕府を揺るがしていたのが「開国問題」である。１８５４（安政元）年に来航したペリーとの間で日米和親条約に調印して以降、開国を求める欧米列強の圧力は強まっていた。このような状況下で、現在の内閣総理大臣ともいえる老中首座に就任した正睦は、佐倉藩の改革時と同様に有為の若き人材を積極登用し、持論の「開国と暫定的な通商」に向けて邁進する。彼は、現在は武力でかなわないので、諸外国の要求に応じて10年間通商してみて、国益になるのなら継続し、ならないのなら、10年の間に武力を増強したうえで断ればよい、と考えていた。幼き日に「これがないぞよ」と答えた現実主義的な考え方を、変わらず持ち続けていたのである。

尊皇攘夷《そんのうじょうい》思想が主流の当時、朝廷や幕閣内、諸大名から、開国への反対意見が多数寄せられ、孝明《こうめい》天皇が「（開国反対論の多い）諸大名に相談してから決めよ」と勅書

成徳書院の流れをくむ佐倉高等学校の旧校舎

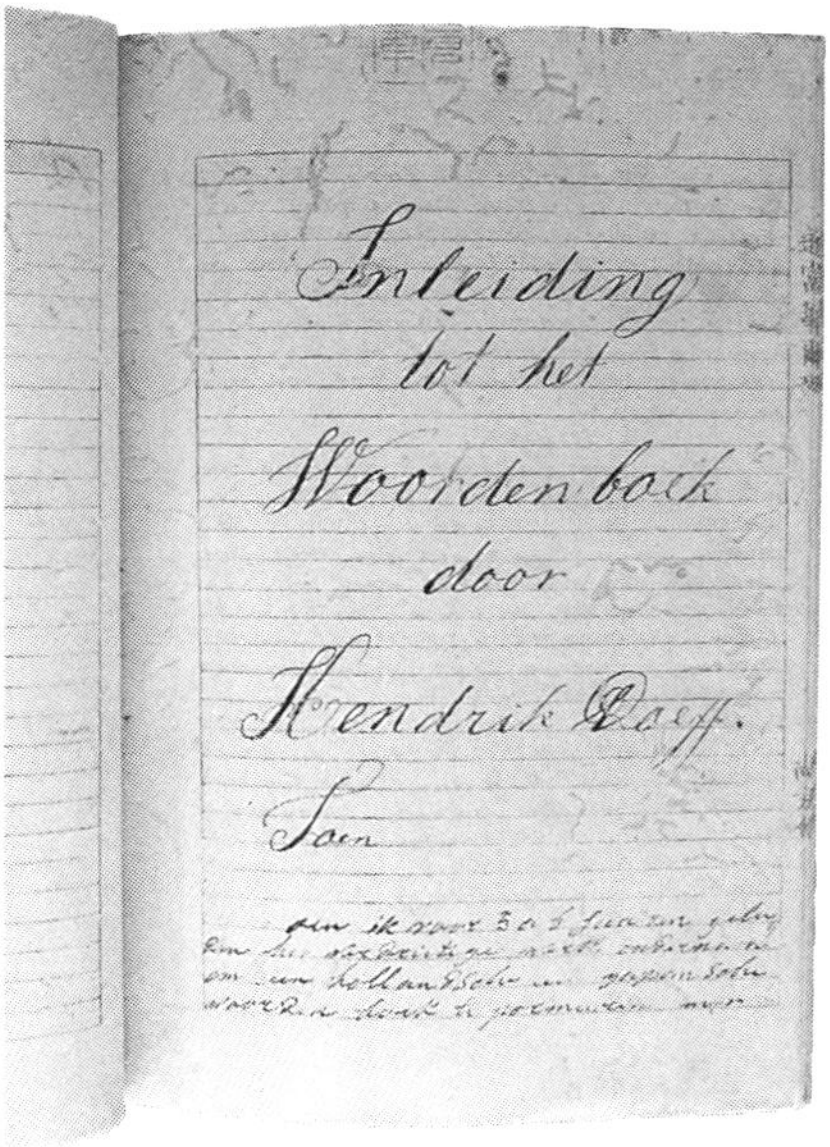

1836（天保7）年、藩校の成徳書院を開設したときに、正睦が「入徳」と揮毫した扁額（佐倉高等学校蔵）

1833（天保4）年に刊行され成徳書院で使用されていた蘭和辞書『ズーフ・ハルマ』（佐倉高等学校蔵）

を下すなど、正睦の行く手を阻むような行動も少なからずあった。しかし正睦は、開国路線をひた走る自分をオランダかぶれの「蘭癖《らんぺき》」と誹謗する声にも屈せず、1858（安政5）年6月19日、アメリカ総領事ハリスとの間に日米修好通商条約を締結。信念の行動だったが、天皇の勅許を得ず調印したことで、結果的に倒幕への流れを助長することとなった。

教育の可能性を信じて

一般的に、同条約の責任者としては大老・井伊直弼《いいなおすけ》の名が挙げられる。しかし、実際の彼は開国消極論者で、ハリスとの交渉役で海防掛の岩瀬忠震《ただなり》に「万策尽きたら調印もやむなし」と全権を委任したにすぎない。3年間にわたってハリスと粘り強い交渉をしたのは、老中首座ながら外務大臣にあたる外国事務取扱も兼ねていた正睦であった。無勅許調印の責めを一身に負わされた正睦は即座に老中職を罷免され、嫡子の正倫《まさとも》に家督を譲った後、1862（文久2）年に佐倉へ帰藩。佐倉城三の丸に新築した松山御殿で和歌をたしなむ安楽な日々が続いたが、1864（元治元）年3月21日、55歳で永眠した。

　正睦は幼少期に養われた現実的な視線で世の中を眺めていた。海外事情に詳しい彼は、開国して国力を増強しなければ欧米列強に蹂躙《じゅうりん》されるのは自明の理だと見通せたのである。正睦が蘭学を振興したのは列強に伍する力を蓄えるためであり、単なる「蘭癖」でないことは和歌を愛したことからも明らかであろう。

佐倉藩邸で正睦と会談を重ね、日米修好通商条約調印にこぎつけたアメリカ総領事ハリス（玉泉寺蔵）

真の愛国者である正睦は、佐倉の地に学んだ若者たちが海外へ雄飛し、知識や技術を持ち帰って日本の発展に寄与することを夢見ていた。教育の可能性と若者の未来を信じた正睦の意志はかたちを変えて現代に受け継がれ、彼がこの世を去った佐倉城跡（現・佐倉市城内町）の国立歴史民俗博物館をはじめ、「歴史のまち」と呼ぶにふさわしい教育文化施設が佐倉には建ち並んでいるのである。

主な参考文献
『評伝　堀田正睦』（土井良三著／国書刊行会）『人づくり風土記』（農文協）

韮山から日本の近代化を見すえた幕末の俊才

江川坦庵

えがわ・たんなん　1801〜1855。名は英竜、坦庵は号。江川家の当主は代々伊豆韮山の代官を務め、世襲名太郎左衛門を名乗った。高島秋帆に西洋砲術を学び、川路聖謨や佐久間象山らに伝授。1853年のペリー来航後に海防掛となり、品川沖に台場を建設した。

文・仲田正之　文学博士

韮山駅より15分の重文「江川邸」

伊豆箱根鉄道韮山《にらやま》駅より東に15分ほどで重要文化財江川家屋敷に至る。直線で行くのもよいが、北側の道をとり、弥生《やよい》文化の代表的遺跡山木遺跡の発掘された水田地帯を散策して行くのもよい。南側の道をとり源頼朝《よりとも》の蛭《ひる》ケ《が》小島《こじま》、韮山城址をめぐって江川邸に向かうのもまたよいであろう。

江川氏の祖は源満仲《みつなか》の次男頼親《よりちか》という。頼親が大和《やまと》国宇野荘を領したことから宇野氏といった。保元《ほうげん》の乱に敗れたのち鎌倉時代に韮山に移住したが、随身してきた13騎の家臣の村を金谷といい、この子孫を金谷十三軒という。

江川氏は酒造をもって韮山に至り、北条早雲《ほうじょうそううん》の頃には全国に販路を広げた。この銘柄を「江川」といい、北条氏から上杉謙信《けんしん》・織田信長・徳川家康などへの贈答品であった。この頃より江川を姓とした。

豊臣秀吉の小田原征伐の後は徳川家康に仕え代官となった。これが28代の江川英長《ひでなが》である。そして、36代目が坦庵江川英竜《ひでたつ》である。

代官・江川坦庵とは

江川坦庵は1801（享和元）年江川英毅《ひでたけ》の次男として韮山に生まれた。太郎左衛門は襲名で、名を英竜、字を九淵、号を坦庵という。尊敬から「坦庵公」と呼ばれている。幼少より武芸に長じ、才気煥発だったため母久子は深く将来を案じ、没時に「忍」の字を書き与えた。このため生涯この戒を守った。韮山代官というが坦庵の知行地は現在の静岡県・神奈川県・山梨県・東京都・埼玉県に及ぶ。多摩地区はもちろん所沢市から鴻巣市などを支配したこともある。

江川坦庵像（江川家蔵）

坦庵の行政方針は徹底した倹約とそれによって生じた貯蓄を拠出させ、運用する点にある。これを韮山代官貸付金といい、幕府の公金貸付所によって年利1割から1割5分の利子を得て、年貢に差しつかえる村や殖産興業のため低利・長期の貸しつけを行うものである。農兵もこの流れで成立したもので幕府の資金は1銭も出ていない。

周囲を納得させるために率先垂範、冬でも袷《あわせ》1枚で暖房をせず、一汁一菜、衣服・食器などすべて自作し、使用できる限り補修して用いた。屋敷は修理せず、障子は切り貼り、畳は芯の藁が露出していた。陳情の村役人は崩れ落ちた塀を見て坦庵の決心を悟ったという。当然賄賂・供応は厳禁で、家来から名主まで不正のあった者は追放した。1838（天保9）年甲斐国都留郡が支配下に入った際、斎藤弥九郎と行商人に化けて実情を探り、適正な人事を行ったため初午に「世直江川大明神」の旗が立った。

韮山塾

江川坦庵が代官となった1835（天保6）年頃は外国船が頻々と姿をあらわした。坦庵は西洋の事情を学ぶため幡崎鼎《はたさきかなえ》に師事し、幡崎が逮捕されると渡辺崋山《かざん》を師とした。しかし江戸湾防備の砲台位置をめぐる鳥居耀蔵《ようぞう》との対立は蛮社《ばんしゃ》の獄《ごく》に発展し、渡辺崋山・高野長英《ちょうえい》は逮捕され、のちに自殺する。まもなく清《しん》がアヘン戦争でイギリスに敗れたという情報が入ると長崎の高島秋帆《しゅうはん》は西洋砲術採用を幕府に建議する。坦庵はこれを支持し、反対論の鳥居とまた対立する。老中・水野忠邦は徳丸原《とくまるがはら》（現・高島平団地）で秋帆の砲術を見分し、すべての技術を坦庵へ伝授することを命じた。

西洋軍事技術の責任者となった坦庵は鉄砲方兼務を命ぜられ、西洋式陸軍の編成にとりかかった。しかし、鳥居は秋帆を逮捕させ、天保《てんぽう》の改革そのものを崩壊させてしまう。坦庵は鉄砲方を罷免され、韮山で研究と門人の教育に専念することとなる。こ

韮山代官を世襲していた江川氏の代官屋敷。中世豪族の居館を江戸時代初期に建て替えた貴重なもの

れが韮山塾であり、塾生の訓練のため箱根山に狩した時、幡崎・崋山・秋帆を思い、「里はまだ夜深し富士の朝日影」と詠んだ。朝日は押し寄せるヨーロッパ、眠る里は幕府の閣僚を意味する慨世の句である。

韮山塾には北海道松前《まつまえ》藩から薩摩《さつま》藩に至るまで全国から俊才が集まった。教科書は蘭書を翻訳したものを使用したが、新技術は必ず実用化を図った。坦庵の座右銘「実用専務」が示すように、塾生は自ら焼夷弾・榴弾などの火薬や砲弾を作製し、輸入の大砲で実験を繰り返した。そして最終的には雷管銃や大砲の製造技術が伝授された。江戸の学者は小銃すら撃つ機会がない時に韮山では大砲の実弾射撃が自由自在であった。韮山塾の意義はここにあり、この時点で韮山は近代文化の中心であった。

韮山塾の重要課題に狩があり、頻繁に実施された。猪・鹿を敵と想定し、立つ間（配置・役割）を定めて行った。この訓練は猛烈で1日握り飯1個ということもあり、佐久間象山《しょうざん》が3個を1日で食べ終わり、「それでは戦に勝てぬ」と笑われた伝説もある。

1853（嘉永6）年ペリーが来航すると坦庵は江戸詰となる。江戸の塾はのちに江川氏の芝新銭座大小砲習練場《しばしんせんざだいしょうほうしゅうれんじょう》に置かれた。現在の浜松町駅から浜離宮横にかけての地である。ここには長州《ちょうしゅう》の木戸孝允《たかよし》・井上馨《かおる》、薩摩の中原猶介《ゆうすけ》・黒田清隆《きよたか》・大山巌《いわお》など3000余が学んだ。

お台場と反射炉とパン

江川坦庵の業績で欠くことのできないのはお台場（注1）である。ペリーと一戦する

注1
海防のために設置された海上砲台。

場合を想定して、坦庵に築造が命じられた。最初は品川から深川まで13基が予定されたが、なかほどで工事が中止され、現在は3番（お台場海浜公園）と6番が残っている。台場に配備する大砲は緊急のため湯島で鋳造された（現・東京ドーム）。しかし、青銅砲であったためたちまち財源が尽き、１８５３（嘉永6）年12月鉄製砲鋳造のため反射炉に変更された。坦庵はこれを下田に築造したが、ペリー配下の水兵が徘徊したため現在の位置に移転した。反射炉は高炉（溶鉱炉）の不備を補うための溶融炉であり、高炉が改良されると欧米ではいっせいに姿を消した。日本でも佐賀藩などが取り壊したため、現存する唯一のものとなった。

台場には迎撃用の砲艦が必要であった。その建造技術を学ぶ機会は１８５４（嘉永7）年11月4日の大地震によって到来した。それは下田に碇泊中のロシア軍艦ディアナ号の損傷と沈没である。連絡のため１００tの小型スクーナー船がロシア人技師によって企画され、日本側船大工が建造にあたった。これが戸田《へだ》造船である。坦庵は企画の段階から砲艦に利用することを考えていた。ロシア船が完成するとただちに同型の君沢《きみざわ》形、半分の韮山形が6隻ずつ建造され台場に配備された。近代洋式造船の始まりである。

坦庵によって創始されたものはいくつかある。パンもその一つである。欧米の軍隊の糧食を研究した坦庵が初めてパンを焼いたのは１８４２（天保13）年4月12日という。この日を日本パン協会は「パンの日」としている。パンは戦国時代ポルトガル人によってもたらされたものであるが、キリスト教禁止によって製造が禁止されていた。

江川邸内の「パン祖江川坦庵先生邸」の碑

幕府の役人坦庵がつくり、教えたことによって解禁となったのである。これは蘭医大《おお》槻俊斎《つきしゅんさい》に命じて『銃創瑣言《じゅうそうさげん》』を翻訳させた例と同じである。ペリーと一戦すれば銃弾による負傷者が出る、治療法が不可欠という点をついて発行を許可させた治療書である。よって自動的に蘭方医書翻訳禁止令が解除となった。

坦庵はペリー来航と同時にジョン万次郎を召喚し、家臣として米国事情を諮問した。そのなかより欧米にて弾着と同時に必ず破裂する新型弾が開発されたことを知った。すぐに長崎に家臣を派遣して蘭船スームビンク号艦長に質問させた。艦長は国禁を理由に教示しなかったので、独自開発を決意し、戸田造船の時ロシア側からも示唆があって、これを完成させた。薩英戦争の時、イギリスを狼狽させた薩摩の着発弾はこれである。そのほか雷管銃の国産化や号令の翻訳などエピソードは限りない。「捧げ銃《つつ》」などは自衛隊以外では縁がないが、「気をつけ、前へならえ」は誰もが学校で習う。給食ではパンも食べる。坦庵は今でも身近な存在である。

坦庵は、１８５５（安政２）年正月16日江戸屋敷で没した。登城のための裃《かみしも》を夜具の上におき、幾多の事業が懸案のままの逝去であったが、臨終に際して家族・家臣に法華経を読ませ、莞爾《かんじ》として旅立った。享年55歳。

坦庵が描いた『富士画讃』（江川家蔵）。谷文晁、大国士豊らを師と仰いだ坦庵は、多くの作品を残した

第3章

和魂洋才の時代

大島高任
平野弥十郎
エドモンド・モレル
金谷善一郎・真一
保晃会
高野正誠・土屋助次郎
金原明善

「鉄のまち」釜石をつくったテクノクラート

大島高任

おおしま・たかとう　1826〜1901。南部藩奥医師の長男で、藩命により蘭学を学ぶ。水戸で反射炉の築造に成功した後、日本初の洋式高炉を釜石に建設。1857年、初の出銑に成功した。のちに日本鉱業会初代会長。

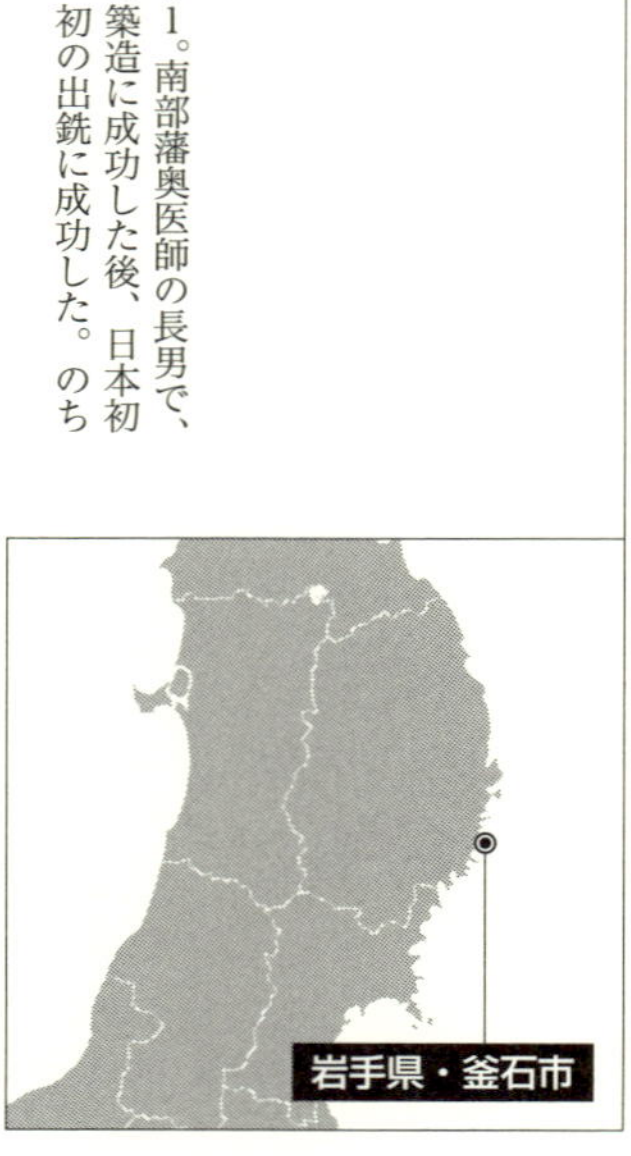

近代製鉄の草分け・釜石

冷たい風が、／せはしく西から襲ふので／白樺はみな、／ねぢれた枝を東のそらの海の光へ伸ばし／雪と露岩のけはしい二色の起伏のはてで／二十世紀の太平洋が、／青くなまめきけむってゐる／黒い岬のこっちには／釜石湾の一つぶ華奢なエメラルド――。

東北の風土を愛した詩人宮沢賢治《けんじ》が、現在の岩手県釜石市と同遠野市を結ぶ仙人峠からの情景をうたった詩「峠」の一節である。釜石で鉱山鉄道に乗った賢治は、終点の大橋駅から徒歩で仙人峠を越えたという。彼の代表作「銀河鉄道の夜」にちなみ、現在は「銀河ドリームライン」と呼ばれるこの鉱山鉄道こそ、釜石鉱山から釜石製鉄所に高純度の磁鉄鉱を運搬するためのものであった。釜石の人々に、製鉄業による活況という「夢」を運んだ鉄道——。

幕末の開国により200年以上の鎖国から解き放たれた我が国では、「富国強兵」を旗印とする明治新政府が殖産興業政策を推し進め、欧米に追いつき追い越せと技術移転に励んだ。特に軍事工業に欠かせない製鉄業へ重点が置かれ、同業界のみならず日本産業界全体の牽引役となったのが、1874（明治7）年に建設された釜石製鉄所である。1901（明治34）年、官営八幡製鉄所の開業時には釜石から派遣された熟練の職人たちが協力し、以後、八幡《やはた》と釜石の製鉄所が日本製鉄業の両輪としてフル稼働していく。

大島高任（盛岡市先人記念館提供）

釜石がこうして日本近代製鉄業の草分け的存在となった陰には、一人の男の存在があった。幕末の南部藩《なんぶ》（現・岩手県盛岡市）藩士で洋学者の大島高任である。彼がこの地の磁鉄鉱に目をつけて洋式高炉による工業化に成功したことが、釜石を小漁村から工業都市へと飛躍させるきっかけとなった。

水戸藩が黒船対策に起用

大島高任は、南部藩の奥医師を務める父周意《しゅうい》の長男として、1826（文政9）年に生まれた。藩命により17歳で江戸に上り、箕作阮甫《みつくりげんぽ》や坪井信道《しんどう》などの門下で3年間蘭学を学ぶ。21歳からは蘭学の本場長崎に留学し、主に西洋の兵法や砲術、採鉱・冶金の理論と技術を修めた。この留学中、学友である長州藩《ちょうしゅう》（現・山口県萩市）藩士・手塚律蔵《りつぞう》とともにオランダの製鉄技術書を翻訳した『西洋鉄熕《てっこう》鋳造篇』を著している。

こうして蘭学の知識を深め人脈を広げた高任に、徳川御三家の水戸藩（現・茨城県水戸市）から白羽の矢が立てられた。1853（嘉永6）年、水戸藩主・徳川斉昭《なりあき》の側近である藤田東湖《とうこ》の依頼により、反射炉の築造と鋳鉄砲製造の任にあたることとなったのだ。この年、アメリカ東インド艦隊司令長官のペリーが「黒船」を率いて浦賀（現・神奈川県横須賀市浦賀町）に来航しており、国内には「外国を排すべし」という攘夷《じょうい》思想が広がっていた。東湖をはじめ攘夷派が藩の大勢を占めていた当時の水戸藩にとって、海防強化に必要な大砲を鋳造するため、鉄を大量に融解できる反射炉が不可欠だったのである。

近代製鉄の始まり

当時最先端の知識と技術を持つ高任にとって、反射炉をつくることはそれほど難しくなかった。1854（安政元）年8月には那珂湊《なかみなと》（現・茨城県那珂湊市）で反射炉の起工式を、翌年11月には点火式を行い、大砲の鋳造にも成功しているのだ。だが、

水戸藩主・徳川斉昭から高任が拝領した刀剣（釜石市立鉄の歴史館蔵）

「割れない大砲」をつくれなければ、攘夷などおぼつかない。

1850（嘉永3）年、国内で初めて肥前藩《ひぜん》（現・佐賀県南東部）が完成させて以来、薩摩《さつま》（現・鹿児島県西部）や韮山《にらやま》（現・静岡県韮山町）など各地で反射炉が建設された。しかし、この頃使用されていたのは刀などをつくる出雲《いずも》砂鉄で、鋳造された大砲は硬質で粘りがなく亀裂を生じやすかった。鉄鉱石を精錬した銑鉄《せんてつ》を使わなければ、頑丈な大砲をつくれない。

しかし高任は、割れない大砲の製造を成功に導くアイディアを持っていた。彼の故郷南部藩領内の釜石で1727（享保12）年に発見され60％前後の鉄含有量を誇りながら、旧来の「たたら製鉄」では精錬することができない磁鉄鉱を使おうというのだ。もちろん高任には、自分が学んだ洋式高炉の知識があれば、これを精錬できるという目算が立っていた。

徳川斉昭の許可を得て帰藩した高任は、南部藩に上申し、その投資によって洋式高炉を築造しようとする。藩にはこれを却下されたものの、地元の豪商貫洞瀬左衛門《かんどうせざえもん》や有力鉄山師（製鉄業者）である中野作右衛門が救いの神となり、総工費約2万7000両を負担。大橋（現・釜石市甲子町大橋）に高炉が建設され、1857（安政4）年12月1日、日本で初めて洋式高炉から銑鉄をつくり出すことに成功した。この時、高任いまだ32歳。日本近代製鉄業が幕を開けた瞬間であった。

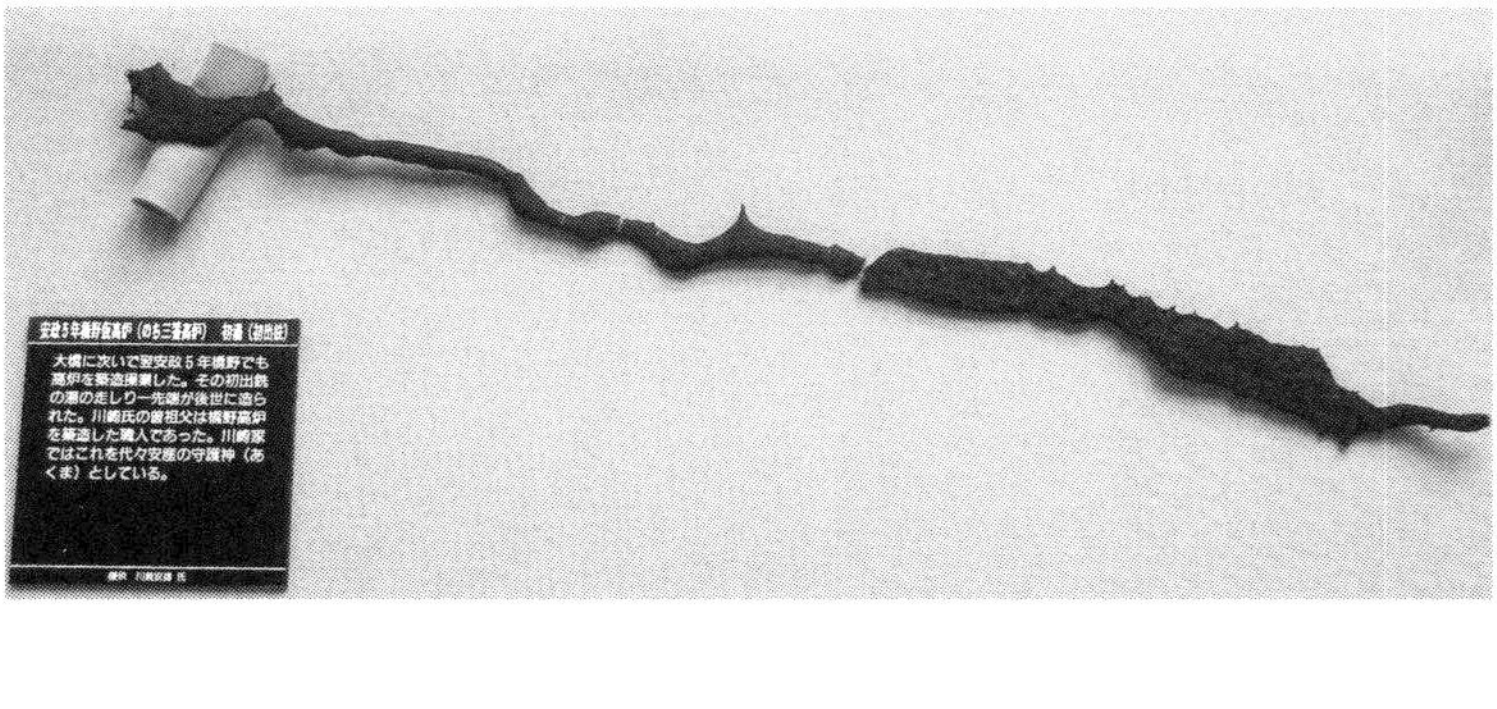

1858（安政5）年、橋野三番高炉が操業を開始。写真の銑鉄は、初出銑時にその先端を保存しておいたもの（釜石市立鉄の歴史館蔵）

新政府も招く第一人者に

以後、ざわめく世相のなかでもっとも注目されている最先端技術「鉄」を自分のものとした高任の出世ぶりはめざましい。１８５９（安政６）年、前年に藩直営となった大橋鉄鉱山の実質的なトップ（吟味役）に就任。大橋の高炉を３基に増築した１８６１（文久元）年には、のちに新渡戸稲造《にとべいなぞう》らを輩出する洋学校の日新堂を創設し、その初代総督になっている。そして１８６２（文久２）年、箱館《はこだて》（現・北海道函館市）奉行手付という肩書きで、幕府が行った北海道の鉱山調査に同行を果たすまでになった。

１８６９（明治２）年は、飛ぶ鳥を落とす勢いだったこの頃の高任にとって、特に忘れられない1年であった。正月に藩の最重要職の一つである勘定奉行となり、８月には明治政府によって設立されたばかりの国漢洋三学総合制教育機関・大学校に大助教として登用される。欧米列強に伍するため、「富国強兵」を目指しテクノクラート（注1）育成に力を注いでいた新政府にとってもまた、彼は有用な人材だったのである。同年12月、高任は民部省鉱山司の鉱山権正《ごんのかみ》（次官）に就任した。小藩に生まれた奥医師の子としては本来望むべくもない栄達といっていいだろう。

新政府での高任の躍進は続く。１８７０（明治３）年、殖産興業を推進するための人材育成と国家としての技術習得を目的に工学寮（のちの東京大学工学部）の創設を提言するなど発言力を強め、工部権少丞《ごんのしょうじょう》へと昇進する。翌年11月には、右大臣の岩倉具視《ともみ》を特命全権大使とする岩倉遣外使節団に随行して欧米へ発ち、鉱業・鉄鋼業を中心に視察。ヨーロッパ最古の鉱山大学であるドイツ・フライベルク大学に学び、１８

注1
高度な専門技術を持つ行政官。

大橋瓢山高炉絵図。1857（安政4）年12月1日に大橋高炉で初出銑に成功したことを記念し、同日は「鉄の記念日」に制定されている（釜石市立鉄の歴史館蔵）

高任が築造を指揮した那珂湊反射炉（復元）。大橋の洋式高炉稼働後は、製造された銑鉄の多くが那珂湊に運ばれた（釜石市立鉄の歴史館提供）

７３（明治６）年６月に帰国した。46名の使節団には観光気分の者も少なくなかったが、新知識の吸収に貪欲な高任はわき目もふらず、ほかのメンバーから「イノシシ」とあだ名されたという。

高任案で再生した製鉄所

帰国した高任には各地の鉱山を監督・指導・経営するという大役が待ち受けていた。秋田県の小坂・阿仁《あに》鉱山、新潟県の佐渡鉱山などの局長職を歴任し、まさに北は北海道から南は九州まで、国内を飛びまわる日々が続いたのである。

しかし、「鉄のテクノクラート」として八面六臂の活躍をする高任の心に、影を落とすできごともあった。高任が飛躍するきっかけとなった釜石の地に官営製鉄所がつくられることとなり、高任とドイツ人技師のビヤンヒーが調査を行った。高任は10ｔ程度の小規模高炉５基を建設し、輸送手段として馬車鉄道を敷設する案を提出。一方ビヤンヒーは25ｔの大規模高炉２基と近代的な鉄道をつくるという提案をしたが、政府はこちらを採用したのだ。「小さく産んで大きく育てる」高任の堅実案が採られなかったことで、１８８０（明治13）年に操業を開始した官営釜石製鉄所は、数年と持たずに挫折してしまう。

１８９０（明治23）年に日本鉱業会の初代会長となるなど、鉱業と鉄鋼業の発展に心血を注ぎ続けた「日本近代製鉄業の父」高任は、１９０１（明治34）年、八幡製鉄所開業の年に76歳でこの世を去った。彼の心残りとなっていたであろう釜石製鉄所は、

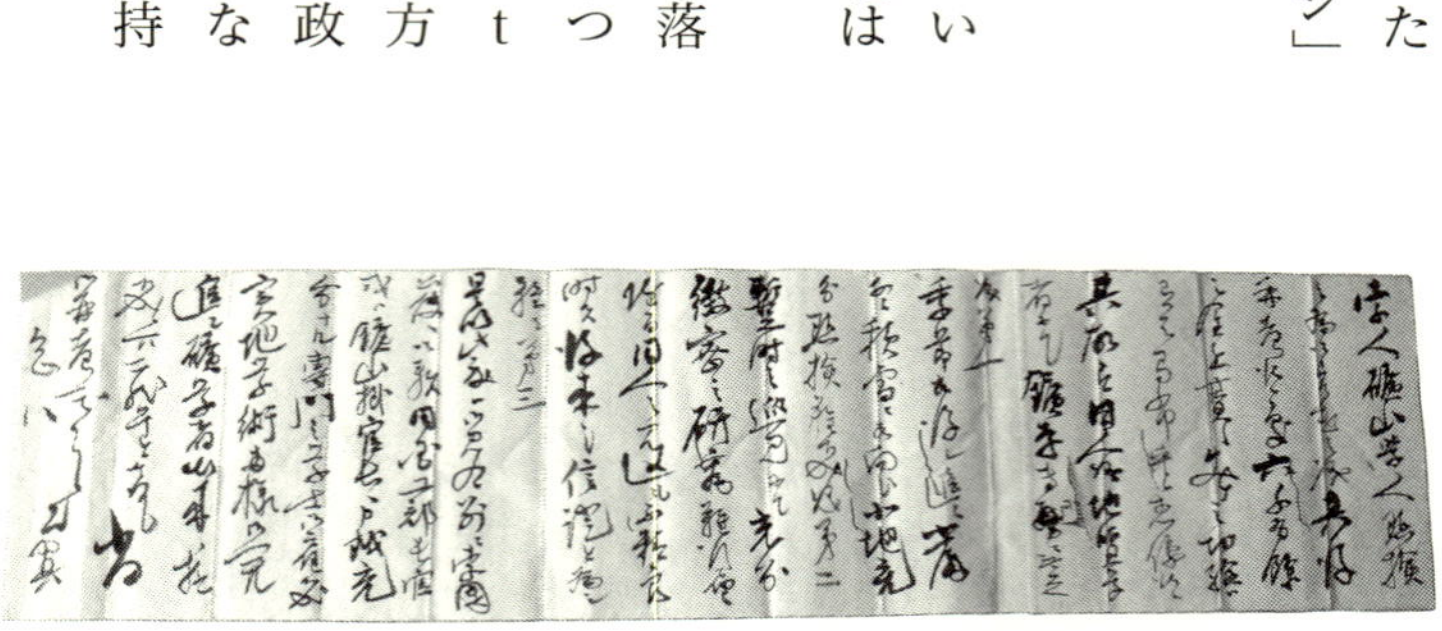

のちの内閣総理大臣・伊藤博文から高任への書簡。伊藤は工部卿として遣外使節団に参加しており、工部権少丞の高任と接する機会が少なくなかったと思われる（釜石市立鉄の歴史館蔵）

御用商人の田中長兵衛《ちょうべえ》に払い下げられた後に高任案をもとに再興され、1993（平成5）年に操業を停止するまで日本重工業の中心であった。

　銀河ドリームライン釜石駅は、現在、エスペラント語で〈大洋〉という意味の愛称「ラ オツェアーノ（La Oceano）」とも呼ばれている。そして、大島高任により〈大いなる海〉のかなたから知識と技術が移植され発展したまちの次なる夢は、歴史的背景を活かした観光のまちづくりであるという。

主な参考文献
『釜石市立鉄の歴史館概要』（釜石市）『人づくり風土記』（農文協）『岩手県の歴史』（山川出版社）

横浜文化の地ならしをした進取の土木請負人

平野弥十郎

ひらの・やじゅうろう　１８２３〜１８８９。品川台場築造工事を請け負ったのを振り出しに、薩摩藩や伊予松山藩の土木請負人として活躍。明治維新後も、新橋・横浜間の鉄道敷設工事や北海道の札幌本道開削工事などを担当した。

文明開化の地・横浜

日本の二大貿易港として神戸と並び称される国際港都・横浜。その繁栄の歴史は幕末までさかのぼる。１８５８（安政５）年にアメリカと日米修好通商条約を締結した江戸幕府が、離島のような地形で外国人の監視が容易なことから横浜村を開港地に選び、まちを人工的に急造したのである。１８４０（天保11）年に家屋数88軒だった寒村は、１８５９（安政６）年６月の開港を期に人・モノ・金の集積地となり、幕末維新期の奔流のなかで急速な発展を遂げていく。

新たに開かれた港は、日本人ばかりでなく外国商人にとっても「宝の山」であった。

横浜、箱館《はこだて》（現・函館）、長崎の３港で貿易が許されたが、なかでも、幕府の置かれた江戸に近い横浜が注目を集め、外国商人は港に近い居留地に商館を構え腰をすえた。幕末の横浜で金を中心に行われた商取引はのちに〈ヨコハマゴールドラッシュ〉と称される活況を呈し、結果、海外のさまざまな文物をこの地に集めることとなる。ビールやガス灯、競馬場などが日本で初めてつくられた横浜は、この頃、まさに〈文明開化の発信基地〉であった。

人が多数集まる場所には〈遊興地〉が必要だと考えていた江戸幕府は、横浜開港と同時に遊郭の建設も進めさせている。嘉永《かえい》年間（１８４８〜54）に開墾された太田屋新田（現・中区横浜公園付近）内の沼地埋め立てを、複数の遊女屋に許可したのだ。のちに、その絢爛豪華さで横浜名物となる岩亀楼《がんきろう》の楼主岩槻屋佐吉は、平野弥十郎に埋め立てと地ならしを依頼する。この弥十郎こそ、神奈川台場築造などの実績を持つ、当時江戸屈指の土木請負人であった。

平野弥十郎（帝国教育会出版部『クラーク先生とその弟子達』より）

公共事業の指名土木請負人

平野弥十郎は、１８２３（文政６）年１月28日、雪踏《せった》仲買商を営む飯田半兵衛の次男として江戸浅草に生まれた。弥十郎はごく一般的な商人の子として育てられ、12歳で奉公に出された。奉公先は、煉油《れんゆ》（鬢付油《びんつけあぶら》）の元祖として名高い両国の「五十嵐」。ここで商売のいろはを習得した弥十郎は、1843（天保14）年、履物を商う平野弥市の入り婿となった。

平野家は、雄藩である薩摩《さつま》藩の屋敷に出入りする資産家だった。弥十郎は24歳の若さでこの家を継ぐ。しかし、1830年代の天保《てんぽう》の大飢饉から引き続く米価高騰による不景気が、平野家の商売を直撃。先行きを憂慮した若き当主は店を畳むことを決心し、薩摩藩との縁故を活かして鑑札を取得、土木請負人へと転身した。1852（嘉永5）年のことだ。

翌年、有力土木請負人の尾張屋嘉兵衛と協力関係を結んだ弥十郎は、嘉兵衛の周旋で幕府の公共事業に参画する。アメリカのペリー艦隊来航に伴う海防対策として新設される品川の台場築造工事である。弥十郎は、台場の下埋め用の岩石や土砂を切り崩して御用船に積み込む作業などを請け負った。この工事への参加が、公共事業土木請負人としての弥十郎の進路を決定づけることになる。

品川台場を築いた弥十郎は、その実績を最大限に活用し、1853（嘉永6）年末から翌年10月にかけて行われた薩摩藩屋敷の台場築造を仕切って名を揚げた。さらに、1855（安政2）年10月の大地震で罹災した薩摩藩上屋敷の修繕を請け負い、多大な利益を得る。幕府や薩摩藩だけでなく、伊予《いよ》松山藩の公共事業まで申しつけられるようになった弥十郎は、江戸でも指折りの土木請負人として頭角をあらわしていった。

横浜文化の〈基礎〉づくり

1859（安政6）年4月、横浜太田屋新田の埋め立てなどに奔走している弥十郎のもとに、松山藩から呼び出しの使者がきた。前年に見積もりをしたまま棚上げになっていた台場を、規模拡大して神奈川宿（現・神奈川区神奈川付近）に築造したいというのである。弥十郎は台場の製図を受け取り、製図作成者に数度面会して不審点を質したうえで見積書を再提出した。ちなみに、この製図作成者こそ、のちに江戸幕府代表として薩摩藩の西郷隆盛《さいごうたかもり》と渡り合うことになる勝海舟《かつかいしゅう》である。松山藩に台場築造を命じたのは幕府であり、幕吏である勝が設計図を引いたのだ。彼はたびたび工事現場を訪れ、西洋台場の建築法について弥十郎へ詳細に教示したという。

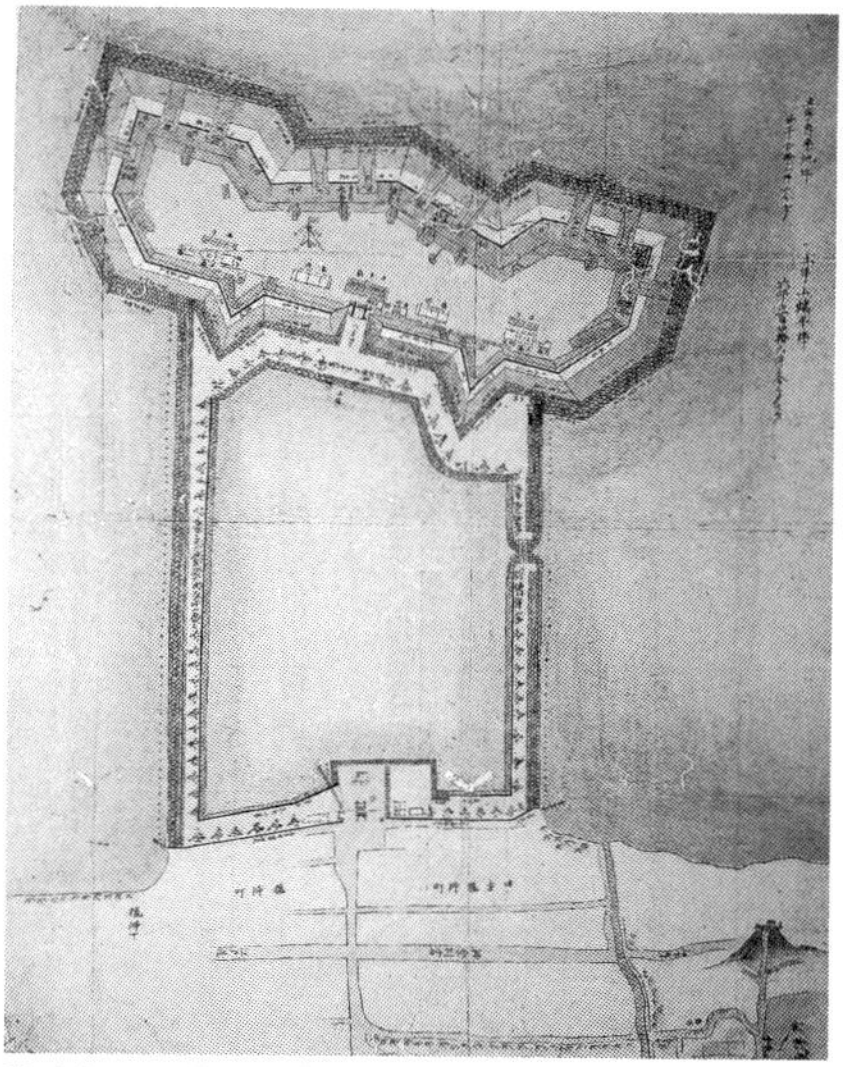

弥十郎らが築いた台場を描いた『神奈川御台場絵図』（横浜開港資料館蔵）。苦心の末に築造したが、その砲台から大砲が射出されることはなかった

急を要する工事だったため、弥十郎たちは昼夜をいとわず作業を続けた。この功に報いるため、弥十郎ら3人の請負人に対して、松山藩から賞状と白米10俵がそれぞれ下された。現場労働者の労をねぎらうため、「神奈川砲台」と染め抜いた手ぬぐいを与え、酒をふるまう弥十郎。工事は、

弥十郎が「戦争の如く」と日記に記すほど苛烈を極めたが、松山藩が準備した8万両の予算より2万８０００両以上も安く仕上がり、3人の請負人は大いに面目を施した。

その後も、幕府が計画した外国人向けホテル建設に出資するなど、公共事業の担い手として弥十郎は確実にステップアップしていく。その勢いは、幕府が倒れ明治新政府が樹立しても衰えることはなかった。薩摩藩の土木工事を請け負った時の窓口役だった藩士伊集院吉左衛門《いじゅういんきちざえもん》が、新政府の横浜建築掛惣裁《けんちくがかりそうさい》に就任したからである。吉左衛門の肝いりで、弥十郎は再び横浜の開発に携わることとなる。

弥十郎は、「居留地内に馬車が通れる道を」という外国商人の要望を受け１８６７（慶応3）年に開通していた馬車道を、砂利を敷きならして整備する。これにより、文字どおり外国商人のメインストリートになった馬車道は、日本初の邦字日刊紙である横浜毎日新聞（現・毎日新聞）の創刊をはじめ、日本の文明開化をリードするエリアともなった。

続いて弥十郎は、１８６６（慶応2）年の大火で焼失した港崎《みよさき》遊郭近くの弁天社の移転地も造成した。港崎は、弥十郎がその建設に一役買った岩亀楼を中心に繁栄していた遊郭である。居留地の外（関外）にある吉田新田の沼を毎日４００～５００人の役夫を使って埋め立てる大事業となり、工事は難航。結果、弥十郎は約４００両の損金を出してしまった。しかしその苦労は報われ、新たに弁天社（現・厳島神社）が置かれた羽衣町《はごろもちょう》の周囲に遊郭が移転してきたことで、関外は賑わいを見せるようになる。芝居小屋などが軒を並べた伊勢佐木町《いせざきちょう》がその筆頭で、同町は昭和初期まで流行の中心

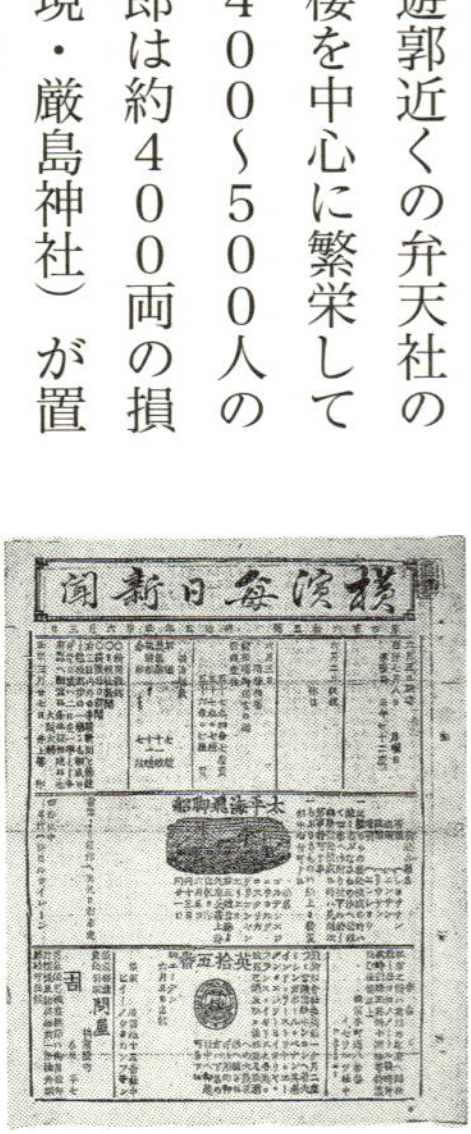
横濱毎日新聞

1870（明治3）年12月8日に馬車道で創刊された「横浜毎日新聞」（横浜開港資料館蔵）

地として全国から多くの人を集めた。

新橋・横浜間に日本初の鉄道敷設

中央集権化を進め富国強兵を実現するためには輸送力の強化が急務だとして、明治新政府は官有鉄道の開業を急いでいた。１８６９（明治２）年、国運を左右するこの一大プロジェクトの存在をいち早く耳にした弥十郎は、手を携えて横浜の開発にあたった安達《あだち》喜幸《よしゆき》とともに工部省へ工事請負の願書を提出する。そして、日本初となる鉄道敷設工事の一部を落札。１８７２（明治５）年の新橋・横浜間開通までに、品川八ツ山下の堀割、八ツ山下停車場・高輪大木戸間および芝浦・高輪大木戸間の海中築堤といった巨大事業を請け負った。こうして新橋と横浜が高速輸送手段で結ばれたことにより、当時の二大輸出品である生糸と茶が東京経由で大量に運び込まれることとなり、積出港としての横浜の役割はさらに増したといえるだろう。横浜はこの時点で、日本の富国強兵を支える最重要拠点となった。

土木請負人として弥十郎が活躍できる余地は、新都東京周辺にまだまだ無尽蔵にあった。しかし、長男に英語を習わせるほど進取の気性に富んだ弥十郎は、安定の道を選ばない。妻の反対を退け、政府の要請に応えて北海道開拓使として出仕するのである。土木請負人の稼ぎとは比べものにならぬほど俸給が安いにもかかわらず、北海道に幹線道路を敷設するという事業計画に意義を認め、弥十郎は船上の人となった。１８７２（明治５）年２月28日、弥十郎50歳の時のことである。

横浜駅（現・桜木町駅）を出発する蒸気機関車を描いた「横浜鉄道蒸気出車之図」（横浜開港資料館蔵）

常に新しきものを求めて

北海道に渡ってからも、新しいことに積極的に取り組む弥十郎の姿勢は変わらなかった。

函館から室蘭を経て札幌に至る札幌本道開削工事は、それまで弥十郎が手がけたなかでも最大規模の公共事業である。江戸・東京や横浜の工事と異なり、火薬で石山を粉砕したり原野を切り開いたりする作業を伴うため、日記に「不便不自由を極めたる」と記されるほど苦難の連続であった。しかし弥十郎は、2年がかりでこの大業をやり遂げ帰京した。

1875(明治8)年から1879(明治12)年までは、創刊間もない読売新聞の売捌所《うりさばきじょ》を東京と大阪で開業するなど新事業の展開に意欲を見せていた弥十郎だったが、札幌農学校(現・北海道大学)1期生としてクラーク博士の薫陶を受ける長男伊藤一隆《かずたか》(弥十郎の祖父の家名を継承)の招きに応じて再び渡道。土木技術者として道路や橋の新設・改修に従事した。一方で、北海道札幌県庁に奉職した一隆が水産界をリードすべく設立した北水協会や、札幌基督教会、札幌禁酒会などの活動を積極的に後援したりもしている。1886(明治19)年に退官した後も北海道にとどまった弥十郎は、1889(明治22)年10月6日に永眠。享年67であった。

弥十郎の生涯は、未知のものへの好奇心に貫かれていたように見える。自らの才覚を信じるがゆえに、はたから見ればもったいないとさえ思えるほど業績に拘泥せず、次から次へと新天地を求めて移ろっていった。

1872(明治5)年に撮影された、札幌本道亀田桔梗野(現・函館市桔梗町)付近の谷地埋め立ての様子(北海道大学附属図書館北方資料室蔵)

彼が文明開化の地ならしをした横浜が今求めんとしているメンタリティーこそ、この進取の気性ではないか。横浜市は現在、文化・芸術・観光振興による都市部の活性化に重きを置いた市政を展開している。旧第一銀行や旧富士銀行、横浜赤レンガ倉庫などの歴史遺産を活用しながら新しいものを生み出そうとするプロジェクトもさまざま進行中だ。温故知新によって横浜の未知なる魅力を掘り起こすことは、歴史ある各地の都市を再生するためのモデルともなるであろう。

主な参考文献
『平野弥十郎幕末・維新日記』（北海道大学図書刊行会）『クラーク先生とその弟子たち』（教文館）

新橋・横浜間に鉄道を敷いたお雇い外国人

エドモンド・モレル

文・沢和哉　交通史研究家

1841〜1871。イギリス出身。明治新政府より初代鉄道兼電信建築師長として招かれる。新橋・横浜間鉄道の建設設計に尽力したが、その開通を待たずに日本で没した。

日本人の手で鉄道建設を

1870（明治3）年3月9日、長い船旅を終えて横浜港へ降り立った一人のイギリス人青年技師がいた。

セイロン島（現・スリランカ）の鉄道建設を終え、日本政府に初代鉄道兼電信建築師長として雇用（月給750円）された28歳のエドモンド・モレル（Edmund Morell）であった。

彼は宿舎（横浜山手一二〇番地）に落ち着くと、4月と5月の二度にわたって、日本の鉄道建設の方針を示す書面を大蔵少輔・伊藤博文《ひろぶみ》あてに提出した。

その一つは、東京・横浜間の鉄道を早急に建設し、鉄道敷設反対者に、まずその効用を体験させること。二つめは、お雇い外国人から早く鉄道技術を学び、日本人の手で工事ができるようにすること。

さらに、ヨーロッパ先進国の例を挙げながら、工業部門の振興と、この部門全般の管理機構の設置、学術大学校の必要性を説いた。

彼の進言は、産業の近代化および富国強兵を進めるうえから、我が国政府でただちに採用されることとなり、1870(明治3)年10月、工業部門全般を統轄する工部省が置かれ、鉄道については工部省鉄道寮、教育については工部省工学寮が組織された。そして1872(明治5)年3月東京虎ノ門に工学校(現・東京大学工学部)が開校されたのだった。

エドモンド・モレル

鉄道建設への誠実な態度

1870(明治3)年3月25日、モレルの監督により新橋・横浜間の工事が着手された。鉄道建設に臨むモレルの態度は熱心で、かつ、彼の進言は、すべて技術協力をする相手の立場に立った、私利私欲のない誠意あるものだった。

当初、建設資材の調達を担当していたイギ

リス人ホレーシオ・ネルソン・レーが、鋼製レールをイギリスに注文した。しかし鋼製レールは外国で採用を開始したばかりで、その成果は不明であった。さらに価格が高い点でモレルが反対し、京浜間では鍛鉄製双頭レール（注1）が採用された。

枕材も、新橋・横浜間の建設にあたって、40マイル分のポットスリーパー（鋳鉄製枕材）が、レーによってイギリスに注文された。このことを、ロンドンにいたレーから届いた1870年7月29日付の書簡で知ったモレルは、レーがこれまで日本政府にとってきた数々の態度をなじるとともに、次のような例を挙げて、日本の鉄道では木材を使用すべきであると、大蔵大輔・大隈重信《おおくましげのぶ》に進言したのだった。

「自分は九月に、レー氏が多量の鋳鉄製の枕材を英国に注文し、品物はただちに日本に向けて船積みされたことを知った。しかし、日本は樹木の豊富な国土であって、一本約二シルリング足らずで多量の上等な枕木を供給できるし、また粗い砂利も同様に安い。

さらに、この国では鉄道の線路が主として湿気のある沖積土の上に敷設されるのであるから、鋳鉄の枕木は当然不適当である。線路に入れた砂利も、敷設工事が完成すれば日本に時々見るような二日続きの大雨があっても、流されることはほとんどない。鉄の柵についても、自分は日本流の普通の木柵で十分に間に合うということに注目している」（「学燈」第四十九巻第十一号所載）

これは功利を離れたモレルの発展途上国に対する思いやりといえるものだった。

こうして新橋・横浜間では国産松材の枕木が採用された。

注1
頭部と底部の断面のかたちが同じで、頭部がすり減った場合、上下を逆にして使用できる。

新橋・横浜間の鉄道開業式の様子を伝える錦絵

モレルの短い生涯

エドモンド・モレルは、１８４１年11月17日、イギリスのピカデリー・ノッティングヒルに、トーマス・ヒルの一人息子として生まれた。

成長して、ロンドンのキングスカレッジ、ドイツおよびパリの工業学校に学び、さらにウールウィッチの国立技術院委託生となったが、眼病のため中途退学。１８５８年から３年半、土木学会員エドウイン・クラークに師事した。

その後、ニュージーランド政府に招かれて、土木技師補佐からウエリントン州の技師長となった。オーストラリアでは炭鉱鉄道の計画に参加し、やがて技師長兼支配人に。この間１８６５年には英国技術院会員にも推選された。

１８６９年、肺結核を患うなかで、彼は南オーストラリアに顧問技師として赴任し、鉄道建設にあたった。

彼の日本政府における雇用は、当時日本政府の代弁者であったホレーシオ・ネルソン・レーとの契約によるものであった。

彼は着任後、新橋・横浜間の建設から神戸・大阪間の建設設計を精力的に行った。新橋・横浜間については、すでに述べたように早急な完成を目指して全橋梁を仮り橋（木橋）で架設した。最長の六郷川（115m）のみ、檜材《ひのき》（1877年鉄橋に架けかえ）、他の橋梁は、すべて欅材を用いた。

しかし、モレルは新橋・横浜間の開通を見ることもなく、1871（明治4）年9月23日、持病の肺結核により死去したのだった。

一人息子であった彼は、本国に身寄りも少なかったため、本人の愛した日本で埋葬されることとなり、横浜の外国人墓地に葬られた。

世界でも珍しい切符型の墓石

モレルの死去した翌日、夫人も同じ結核で死去した。夫人の死については、鉄道寮に横浜から新橋鉄道局にあてた次のような1通の電文が残されているのみである。

「サクジツイチジハン　モレロウシアイハテ　ソノイライ　トヲニシ（原文のまま）ニヨウボヲ　シヤクヲ　ニサンドヲコシ　ツイニサクヤイチジスギニ　アイハテソロムネ　ジヲルジモウシソロ」

訳読すれば「昨日1時半モレル氏相果て、以来当人女房、癪を二、三度起こし、ついに昨夜1時過ぎに相果て候旨、ジョージ申し候」ということであろう。

当時の新聞報道には、夫人の国籍は明記されていない。お雇外国人のなかには、本国から夫人を同伴していた者もいたが、多くは日本人の妻であった。したがって、モレル夫人についても１２０年余にわたって多くの小説家が、日本人として作品を書き続けてきた。

しかし、１９９５（平成７）年日本輸出入銀行・森田嘉彦企画担当審議役のロンドンへの照会調査により、ハリエット・モレルであることが確認された。

埋葬後、モレルの墓のかたわらには2本の梅の木が植えられ、地上30ｍほどのところでもつれ合い、「抱擁の梅」として知られていた。１９３５（昭和10）年、モレルの功績を知って感動した乗車券収集家中山沖右衛門氏によって、大理石の切符型墓石がつくられた。

かつて外国から指導を受けた日本の鉄道は、今日発展途上国に協力する立場となった。短期間ではあったがモレルの日本への技術指導は、どういった態度で発展途上国の人々に接するべきかということを、私たちに語りかけているように思えてならない。

横浜外国人墓地にあるモレルの墓標。鉄道記念物に指定されている。モレルが死去したのは本文にあるとおり9月23日だが、墓標は24日になっている

親子二代でリゾート地の礎を築いた日光の名士

金谷善一郎・真一

かなや・ぜんいちろう／しんいち　父善一郎１８５２〜１９２３、息子真一１８８０〜１９６７。善一郎が１８７３年に外国人宿泊施設として金谷カテージ・インを開業し、リゾートホテルの嚆矢となった。１８９３年より現在地で日光金谷ホテルとして営業を開始。

明治生まれのリゾートホテル

我が国のリゾート地といえば、軽井沢、日光、箱根、熱海などが代表的だろう。なかでも日光は最初にリゾートホテルが誕生した地である。現在も営業している金谷ホテルがそれだ。

「私は部屋がこんなに美しいものでなければよいのにと思うほどである」（『日本奥地紀行』）

目の詰んだ畳、磨き抜かれた家具を汚しはしないかと気になるからだった。１８７８（明治11）年金谷ホテルに宿泊した時の印象をイサベラ・バード（１８３１〜１９

04）はこう書き残している。バードはイギリス・ヨークシャーの牧師の娘に生まれた。体が弱かったので医師に勧められた転地療養をきっかけに世界の辺地を旅し、その経験を紀行文にまとめた。日本では通訳兼従者の日本人青年一人を供に、東北・北海道を縦断した。

バードが宿泊した金谷カテージ・イン（現存）は金谷ホテルの前身で、開業は1873（明治6）年。最初の客の一人はジェイムズ・カーティス・ヘップバーンである。日本での通称はヘボン。ヘボン式ローマ字で知られるアメリカ人宣教師だ。日本人が発音できずに訛って呼んだヘボンを自分でも用い「ヘボンでござります」といったという。「平文」と署名することもあった。金谷ホテルはヘボンの勧めで開業したと伝わっている。

金谷親子。左から真一、善一郎、真一の弟の正造（潮出版社『森と湖の館』より）

避暑地を求めた外国人たち

日光はもともとを「二荒山《ふたらさん》」とも呼んだ修験《しゅげん》の地だったが、江戸初期に東照宮《とうしょうぐう》が創建されると、参詣の聖地として発展した。東照宮勤めをする徳川家の家臣も多く、金谷家の先祖もその一員だった。日光四軒町に屋敷を拝領していたが、9代目善一郎の時に明治維新を迎え、扶持《ふち》を離れた。そこで早速生計に窮する。

東照宮の楽人として勤めたりしたが、生活は楽ではなかった。そんなある日、日光を訪れた外国人がいたが、徳川家の威光で栄えてきた日光の宿屋は外国人を泊めるような心情ではなく、どこも宿泊を断った。困っていた外国人を迎え入れ、宿泊させたのが金谷善一郎であった。１８７０（明治３）年のことである。

金谷ホテルに伝わる話によると、その外国人がヘボンである。彼はこういった。

「今後、日光を訪れる外国人は、必ず多くなります。その人々に宿を提供して生計を補ったらいかがですか」

明治の初期、外国人が日本国内を旅行するのは至難だった。居住地区が定められ、10里（約40km）以上の外出には許可が必要だったのである。また旅行には指定ルートがあり、政府の発行した「旅行免状」が要った。横浜の外国人居留地から近い湘南が外国人別荘地として栄え、指定ルートの日光、軽井沢、箱根などが外国人観光地として賑わったのはそのためである。

日光を訪れる外国人は、海外公館の関係者や明治新政府に雇用されたお雇い外国人が多かった。彼らは日本の夏の蒸し暑さに閉口し、長期滞在できる良好な避暑地を求めていた。懐も豊かな彼らは、きっと上客になるに違いない。

ヘボンの勧めに善一郎はうなずいた。四軒町の自宅を開放して金谷カテージ・インを開業した１８７３（明治６）年当時、善一郎は23歳、妻ハナは17歳であった。

成長期の積極経営

翌1874（明治7）年には、パークス英国公使が滞在するなど客数が増え始め、近隣の空き部屋を借りて宿泊させるようになった。元は武家屋敷である。外国人客たちは「サムライ・コテージ」と呼んだ。当初は食事を出さず自炊であったが、数年後には善一郎が慣れぬ手つきでハムエッグなどをつくって供するようになった。

1887（明治20）年、新座敷を増築。その頃の宿泊料は1ヵ月30～50円。女中の手当が1ヵ月1円の時代である。

1890（明治23）年には国鉄日光線が開通し、上野・日光間は鉄道で結ばれた。日光駅からの便は駕籠《かご》か人力車である。

1891（明治24）年頃には、最大手の日光ホテルなど6軒のホテルが営業するようになり、金谷カテージ・インでは食堂と料理場を新築し、競争相手に対抗した。翌年には、建築中に資金不足のため放置されていたホテル用地と建物を、旧知の事業家小林年保からの借財と手持ち資金で購入、改築と増築を施すことにした。これが現在の金谷ホテルの敷地である。同年、日光に滞在した外国人は1928人。大半が夏場に滞在し、日光は賑わった。

事業拡張に追われ、金谷ホテルの資金繰りは厳しかったが、滞在客の料金を前払い制にし、その分割り引きするなどの工夫で徐々に建築と拡張を進めた。善一郎は格別、経営訓といったものを残していないが、「信用を築くことによってのみ客を呼ぶことができる」と考えていたようだ。経営には不器用なところがあったが、結果的には信

1904（明治37）年に落成した新館。大食堂と客室12室を持つ

義によって弱点を補った経営者だったといえよう。

水力発電機の稼動

長男真一が生まれたのは、金谷カテージ・イン開業の6年後、1879（明治12）年である。物心つく頃には、家業の手伝いにいそしむ毎日だったが、数え14歳の1892（明治25）年、東京の築地にあったキリスト教系の立教学校に進学した。学業の合間にも帰郷してはホテルの経営を助け、卒業した1896（明治29）年からはホテル事業に専念することになった。真一の回想ではその当時、五厘玉1個しか手持ちの資金がなかったというが、同年善一郎は廃業していたホテルを買収、新しい分館を建築するなど積極経営を進めていたから、常時資金不足であった。

真一の最初の大きな業績は、赤沢川からの水力発電による電力をホテルに引いたことである。1908（明治41）年5月、ドイツ・シーメンス社の75馬力出力50kWの発電機を購入し、稼働に成功。ホテルに電灯がついた。こうした進取の姿勢と信用を重んずる経営によって、ホテルの評判が上がるとともに金谷父子は地元の名士になっていく。

国鉄の日光駅から岩の鼻までの8㎞に日光電気軌道が開通したのは、1909（明治42）年のことである。善一郎は計画当初から運営会社の重役に誘われ、やがて真一が父に代わって就任した。こうして日光の交通は明治年代末以降、駕籠と馬、人力車から鉄道と自動車の時代を迎えることになる。

金谷ホテルの小食堂を飾る歴史ある天井画。1枚1枚絵柄が異なっている

現在の金谷ホテル。日本最古のリゾートホテルとして、1世紀を超える歴史を誇る

明治時代から残る階段の手すり。現在も実際に使われている

１９１４（大正３）年、真一は横浜で見かけたフォードの中古自動車を購入し客の送迎などに使っていたが、１９１６（大正５）年に訪米しデトロイトにヘンリー・フォードの自動車工場を訪ねると、当時53歳のフォードに直接依頼して14台の自動車を日本に送ってもらった。それらの自動車をもとに日光自動車を設立、難所いろは坂をパレードするなど宣伝に努めた結果、セダン、乗合自動車合計50台近くを擁する有力交通会社となった。

日光の歴史とともに

昭和年代に入ると、東武鉄道の総帥根津《ねづ》嘉一郎《かいちろう》が、浅草と日光を結ぶ鉄道の計画をもたらした。１９２９（昭和４）年、真一は日光電気軌道を１３０万円で売却し、その後は東武鉄道が東京と日光を結ぶ動脈になったのである。この時同時に日光自動車も東武に売却した。東武自動車の誕生である。

１９３１（昭和６）年には、やはり根津からの依頼を受け、東武が建設した鬼怒川温泉ホテルの経営を開始し、鬼怒川の観光地としての発展に寄与することになる。

昭和初期の金谷ホテルは、一歩足を踏み入れるとそこは外国であったという。日本人は財閥の１家族か２家族程度で、ほかはすべて外国人。１泊３食付きの長期滞在客が多く、料理長は毎食のメニューに知恵を絞らなければならなかった。真一は立派なヒゲを蓄えていたが、弟の正造はそれにも増して堂々たるヒゲの持ち主だった。正造は、８年間の海外放浪の末に帰国し、箱根の名門富士屋ホテルのオーナー山口仙之助《せんのすけ》

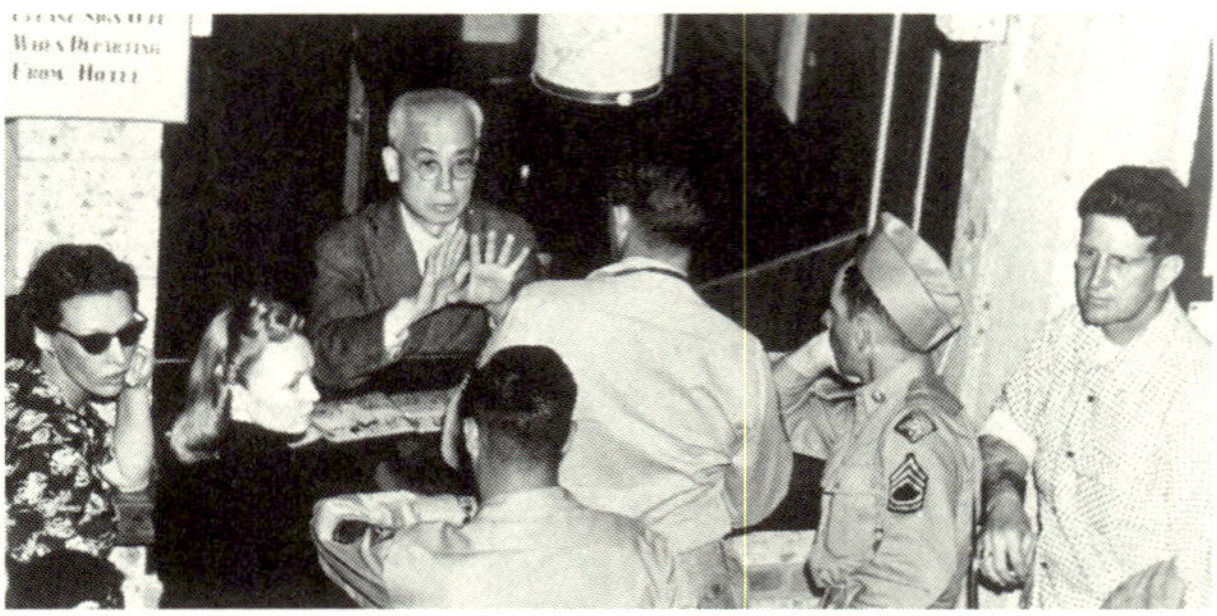

アメリカ兵と交渉する真一。１９４５年から52年まで、日光金谷ホテルはアメリカ軍の休養所となった

に請われて長女と結婚、入籍して山口正造となり、経営に敏腕を奮った。兄弟は帝国ホテルの重役に招かれ、経営に参画した時期もある。

金谷真一は1954(昭和29)年、自著の序にこう記している。

「私の履歴は甚だ簡単である。学校を出るとすぐ父のやっているホテル事業を援《たす》け、終始一貫してそれを続けてきた」

一心に事業に取り組んだ自負でもあろう。金谷ホテルは明治以来の日光の歴史とともに繁栄してきたが、日光の繁栄の一部は金谷善一郎・真一父子の貢献によるものと賞しても過言ではないだろう。

主な参考文献
『ホテルと共に七拾五年』(金谷真一著/金谷ホテル)『森と湖の館』(常盤新平著/潮出版社)『日本奥地紀行』(イサベラ・バード著/平凡社)『日本別荘地物語』(桐山秀樹著/福武書店)

日光の美を保存した文化財保護の先駆者たち

文・石川明範　栃木県立茂木高等学校教諭

保晃会

ほこうかい　１８７９年、明治維新により幕府の保護がなくなった日光の諸堂宇や名勝を保存する目的で組織された結社。中心人物は栃木県会議員の安生順四郎ら。会長には最後の会津藩主・松平容保が就任した。

明治維新と日光の危機

歴史的な建造物の人工美と自然美の調和で知られる日光。しかし、この日光の美がかつて失われる危険があり、それを守るために立ち上がった人々がいたことは意外に知られていない。

１８６８（明治元）年の戊辰《ぼしん》戦争では、江戸城を脱出した幕府歩兵奉行・大鳥圭介《おおとりけいすけ》らの率いる旧幕府軍が日光に入り戦火が迫ったが、危うくそれをまぬがれた。しかし、日光の危機はこれにとどまらず、初代将軍・家康、３代将軍・家光《いえみつ》を祀る霊廟として徳川幕府の手厚い庇護を受けていた日光山は、明治維新によりその後ろ楯を失うことになったのである。

加えて、新政府のとる神仏分離政策は日光にも大きな打撃を与えた。日光山は東照《とうしょう》宮《ぐう》と二荒山《ふたらさん》神社、満願寺《まんがんじ》（現・輪王寺《りんのうじ》）に分けられ、神社地内の仏教施設は満願寺に移動するよう命じられたが、これに応じることもままならず、また建造物の補修にあてる費用にも窮した。

保晃会の結成

このような日光の荒廃の危機を憂慮し、その保存のために立ち上がった人々があった。その中心となったのは、栃木県内の名望家層である。のちに保晃会副会長となる、安生順四《あんじょうじゅんし》郎《ろう》（１８４７〜１９２８）は下野《しもつけ》国上都賀郡久野村（現・栃木県上都賀郡粟野町）に生まれ、戸長などを歴任し、１８７９（明治12）年の第1回栃木県会議員に当選、初代議長に就任している人物である。

日光山内にある保晃会碑

また、近代的な牧場を設けて酪農事業を行ったり、のちには上都賀郡長を務めている。

安生ら日光の危機に憂慮する栃木県内の有志者は、１８７５（明治８）年9月に上京し、徳川幕府旧臣や政府関係者に日光の保全について相談した。しかし、明治初年においては、内外にさまざまな問題を抱える政府には文化財保護にまで力が及ばず、政府周辺には日光は「朝敵」であった徳川家の廟所であり新政府の保護すべきところではないといった風潮もあって、その後も安生らはたびたび上京して画策したが目的を達することができなかった。

そうしたなか、１８７９（明治12）年、アメリカ合衆国元大統領グラント将軍が来日した。グラント将軍は日光を訪問し、８日間滞在したが、グラント将軍には内務卿・伊藤博文《ひろぶみ》ら政府高官、栃木県令・鍋島幹《なべしまみき》などが従っていた。そして、このグラント将軍の来晃が、保晃会設立の契機となった。

安生順四郎、印南丈作《いんなみじょうさく》、矢板武《やいたたけし》、田代荒次郎《こうじろう》らは、満願寺に出向いてグラント将軍に謁見し、同行した伊藤内務卿らに日光の保存を求めた。印南丈作（１８３１〜88）は、日光の出身で下野国佐久山宿（現・栃木県大田原市）の印南家に養子に入った、那須野が原開拓の功労者として知られる人物である。矢板武（１８４９〜１９２２）は下野国塩谷郡矢板村（現・栃木県矢板市）に生まれ、戸長、県会議員を歴任し、印南とともに那須野が原開拓の功労者として知られる。田代荒次郎もまた、印南、矢板とともに那須野が原開拓のための結社、那須開墾社の発起人であり、綿織物会社を創設したりしている。彼らは当時政治家、実業家として活躍していた、栃木県を代表する名望家たちであった。

しかし、伊藤内務卿の答えは「新政未だ創業中」であり、このような保存に政府自らあたることは到底できない、というものであった。新政府に文化財保護の余力はない、ということである。政府ができないのなら自らなんとかするしかない。ここに有志者が団結して、日光の保存にあたることが決意された。

早速、栃木県内の名望家層に呼びかけがなされ、日光保存のための民間結社の設立は急速に具体化していった。1879（明治12）年8月、安生順四郎、矢板武、印南丈作らは日光山内の満願寺に会堂し、各自同志を募り日光の保存をまっとうすることを盟約した。そして11月には正式に内務省の認可を受け、日光の保存のための民間結社「保晃会」が設立されたのである。

保晃会の目的と拡大

保晃会に集った人々の、日光の荒廃を憂う気持ちは同様であったが、具体的にどうするかについてはさまざまな意見が出された。日光山内を一大公園としてはどうか。幸い山内にはもともと各寺院の庭園があり水や庭石にも困らない。格別の費用をかけなくてもできるだろう。あるいは、山内をキャンパスとして学校を創立してはどうか。諸外国の有名大学も、自然豊かな郊外にあると聞く。教育環境として最適であろう。しかしながら、結局日光の美観をそのまま残すため、現状を保存する方針がとられることにまとまっていった。今日では、文化財の現況保存というのは当然の考え方だが、この点でも保晃会は先駆的な役割を果たしている。

保晃会の目的は、「日光山祠堂ノ壮観及ビ名勝ヲ永世ニ保存」（保晃会規則）することにあり、この実現のため広く日光保存のための寄金を募り、これを保晃金と称した。この資金には手をつけず、利子によって山内の建造物の維持管理、会の運営にあてる

明治初年の日光を描いた錦絵『日光山御本社一覧図』（栃木県立博物館蔵）

方針であった。また、非常の場合に備え、日光山中に杉、桧の苗木を植えつけ、これを保晃林と称することとした。

この実現のため、保晃会はまず県内から会員を拡大し、やがて東京さらに全国の人々に保晃金の募集を行っていった。このためその後数年間のうちに、北は北海道から南は鹿児島までほぼ全府県に保晃会の派出委員が送られた。また、華族層、すなわちかつて徳川家の恩恵を受けていた旧大名たちには、特に重点的に拠金募集が行われた。こうした上流階級への募集のため保晃会に協力したのは、勝海舟《かつかいしゅう》や榎本武揚《えのもとたけあき》ら旧幕臣たちであった。このように、保晃会は日光の保存という目的のために、栃木県内の名望家層をまとめ、さらに他府県の名望家層、東京を中心とした「朝野の紳士」に会を拡大していったのである。

当時、地方の名望家層が中心になってこのような全国的ネットワークをつくり上げたことは、注目されるべきことといえよう。

保晃会の歴史的意義

拠金の目標額は当初20万円で、のちに30万円と変更されていた。当初順調に集まった拠金も、松方デフレ（注1）の影響もあり十数万円からなかなか伸びなかった。しかし、建造物の修理は、一刻の猶予もできない。保晃会では、原資金蓄積後に利子をもって修繕する計画を前倒しし、緊急的修繕を行っていった。しかし、このような緊急避難的な修理のあり方、全国に拡大し有名な組織となった保晃会は、マスコミの非

注1
当時の大蔵卿・松方正義が、財政整理として行ったデフレのこと。

難の格好の対象となった。著名な新聞が保晃会を非難する記事を掲載し、会ではその反駁《はんばく》に努める一幕もあった。

1897（明治30）年、我が国で初めての文化財保護に関する法律として、古社寺保存法が制定され、社寺のみに対象を限ってではあるが、初めて政府が責任を持って文化財の保護にあたることになった。日光においても、1903（明治36）年に東照宮、輪王寺の宝物が国宝に指定され、1908（明治41）年には2社寺の建造物が国宝指定を受けている。この間、日光における明治初年からの文化財保護の空白期間を補ったのが、保晃会であった。保晃会はその時代的役割を終え、1916（大正5）年に解散している。

古社寺保存法の制定に先立ち、社寺の建造物を、文化財として、いわば地域住民の、さらに国民の財産として認識し、その保存の途を建てようとしたのは、保晃会の果たした大きな歴史的意義といえよう。そして明治初年の危機から日光を救い、今日に伝えた功績が、保晃会にはある。それを実現したのは、民間の有志者であり、地方から全国へと広がったネットワークであった。

東照宮の象徴、陽明門。1999（平成11）年、東照宮は世界遺産に認定された

山梨にワイン郷を開いたフランス帰りの醸造家

高野正誠・土屋助次郎

たかの・まさなり／つちや・すけじろう　高野1852〜1923、土屋1859〜1940。1877年、山梨県の祝村葡萄酒醸造会社の伝習生として、ともにフランスへ留学。ワイン醸造技術を修得して帰国後、勝沼ワインの基礎を築いた。

文・鬼丸智彦　作家

ワインブーム

今、空前のワインブームである。

赤ワインのなかに含まれているポリフェノールという成分に、体内の悪玉コレステロールが酸化して動脈硬化や肥満、心臓疾患の原因となるのを防ぐ働きがあることが知れ渡ったからである。加えて、若い女性がバレンタインデーにこれまでのチョコレート（実はこれにもポリフェノールが含まれている）に代えて赤ワインを贈る例も見られるようになった。

そのおかげで近年の大不況にもかかわらず、ワイン生産高全国第1位（全国の約

44％）を誇る勝沼町を中心とした山梨県のワイン郷は活況を呈している。

このワイン郷は、東京から1時間半ほど。笹子のトンネルを抜けると雄大な南アルプスの遠望とともに甲府盆地が開け、山裾に広がる広大なぶどう畑と30ほどのエキゾチックなワイン工場の建物が皆さまをお迎えする。

本稿では、このワイン郷をつくった人々を紹介させていただく。

ワイン研修生の渡仏

1873（明治6）年に山梨県令となった藤村紫郎《しろう》は、勧業政策としてワイン醸造産業の育成を推奨した。これに応え県下の72人の豪農や豪商が出資して、甲州ぶどうの本場である祝村《いわい》（現・勝沼町）に「祝村葡萄酒醸造会社」を創設したのは、1877（明治10）年8月のことだった。この会社がまず行わなければならない事業は、良質なワインを醸造するための技術の修得だった。早速、ワインの本場であるフランスに青年研修生2名を派遣することが決定された。

高野正誠（左）と土屋助次郎

選ばれたのは、高野正誠と土屋助次郎だった。二人は出発に先立って、会社や社長に盟約文を提出している。その主旨は、「このたび、本格的にワインを醸造するため、本場のフランスでぶどう栽培の方法やワインのつくり方を修得するために洋行することになったが、もし1年間で十分な技術修得ができなかった場合は、自費で勉強を続け、修得後帰国して会社や国に恩返しする」、「もし所期の目的を達せられなかったら洋行費用の全額を弁償し、会社には迷惑をかけない」というものだった。

このような固い決意で両青年は、1877（明治10）年10月10日勝沼を出発。パリ万国博覧会事務副総裁として渡仏する前田正名《まさな》に伴われ、横浜からフランス船タナイス号に乗船してフランスに向かった。

11月25日パリに着いた二人は、前田正名の計らいでモッシェル・ミルマ氏のもとに寄宿し、約1ヵ月間フランス語を学ぶ。次にデハルトマンオーブ郡トロワ市のバルテーの農園で1878（明治11）年の正月を迎え、ぶどうの栽培技術や接木技術を修得。2月にはモーグー村のジュポン氏の農場でぶどう栽培とワイン醸造法を本格的に研修することになった。しかし、ぶどう園の園丁として働きながらの研修は、フランス語の専門用語がよくわからないこともあって、大変きついものだった。たちまち約束の1年が過ぎる。まだ研修が半ばであると思った二人は前田に仲介してもらい、山梨の会社から半年間だけ延長の許可を得て、さらに研鑽を積む。

こうしてワイン醸造技術をマスターした二人は、さらにデハルトマンポーンヌー街でビールの製造法、コールド県のサビュー村でシャンパンの製造法も学んで、1879（明治12）年3月マルセイユ港を出港し、5月8日無事に横浜港に帰り着く。ただ、この時日本の勝沼に持ち帰ろうとしたフランスのぶどう苗木がフィロキセラという害

現在の勝沼町に広がるぶどう畑

虫に犯され、断腸の思いで全部捨てなければならなかった。

ワイン醸造開始

両青年は、勝沼に帰るや早速、本格的なフランス式のワイン醸造に着手。工場にはとりあえず日本酒の醸造蔵をあて、仕込みのぶどうは地元の甲州ぶどうを使い、約5400ℓのワインをつくった。

ところが当時日本ではワインを詰める樽や瓶を製造するところがなかったので、横浜在住の若尾幾造《いくぞう》に頼んで仕入れることにした。笹子峠を越えて送り届けられた樽は輸入の古樽、瓶はなんと外国人が波止場で飲んで海に投げ捨てたワインやビールの古瓶だった。

こうしてワイン醸造を始めた祝村葡萄酒醸造会社は、両青年の献身的な努力により年ごとに技術を向上させ、1881(明治14)年にスペインで開催された万博に甲州ぶどうによる醸造ワインを出品、その品質が認められ銅賞杯を獲得している。

しかし、当時はワインの販売ルートも確立されておらず、会社の売り上げはなかなか伸びなかった。ワインが薬として薬屋で細々と売られる有様だった。ワインをたしなむ日本人は西洋にあこがれる政府高官か貿易商人などに限られていたのだ。次第に会社は経営に行き詰まり営業を停止し、解散してしまった。しかし、フランスのワイン醸造技術を修得し、フランスのワイン文化を吸収してきた二人は負けなかった。

土屋助次郎はすぐに同郷の宮崎光太郎と共同で新しいワイン醸造会社「甲斐産商店」

を開き、ワインの醸造販売を続けていった。1890（明治23）年の春には、ともに独立して、土屋助次郎（この頃竜憲《りゅうけん》と改名）が「マルキ葡萄酒」、宮崎が「大黒天印の甲斐産葡萄酒」をそれぞれ売り出すようになる。特に宮崎は天然葡萄酒を売り物にして、販路を東京方面に広げ、明治中期から大正、昭和にかけ「宮崎醸造場」として名をなした。

一方の高野正誠はワイン会社の醸造技師として働きながら、ぶどう栽培とワイン醸造の技術研究に没頭し、その研究成果を『葡萄三説』という書物に著し、門下生の養成に尽力する。特に高野は「水田耕作ばかりでなく荒地を開墾して果樹園を拓こう」という果物思想を主張し、山梨県はもとより全国の多くの有志に影響を与えた。

ワイン郷の発展

かくして彼らによって礎を築かれたワイン郷は、戦後も東京国際見本市などでのワインの展示や1964（昭和39）年の東京オリンピックを契機にワイン元年とする動きなどによって、飛躍的な発展を遂げていった。

1975（昭和50）年には観光施設として、地下収蔵庫に町内のワインメーカーで醸造されたワインの約150銘柄を収納し、ワインを試飲しながら、ぶどう・ワイン郷の展望を楽しめる勝沼町営「ぶどうの丘センター」がオープンしている。この丘には、渡仏してワイン技術を日本にもたらした高野、土屋両氏の功績をたたえるモニュメントが建立された。

また、翌年、勝沼町は両氏が学んだフランスのワインの銘醸地ボーヌ市と姉妹都市となり、ワインを通した国際交流を開始した。

さらに1995（平成7）年には「ぶどうの国文化館」がオープン。館内には勝沼のぶどうの歴史資料とともに、高野、土屋両青年がフランスで撮った記念写真をもとに作製された、シルクハットをかぶり、ぶどうを剪定している両青年の蝋人形が展示されている。

このように今もワイン郷の人々は両氏をたたえ続けているのだ。いや、見方を変えれば、両氏は死後も（高野は1923［大正12］年、土屋は1940［昭和15］年に死亡）この地を世界に誇るワイン郷に発展させようとしているようだ。

現在、山梨県では高野、土屋両氏のように日本の近代化に尽力した人々の残した近代化遺産を「登録文化財」（文化庁が登録）や「県指定文化財」として後世に保護継承することとしている。そのなかで1997（平成9）年には、土屋竜憲がつくったアーチ形煉瓦造りの葡萄酒貯蔵庫（竜憲セラー）を登録文化財に、土屋の同業者だった宮崎が建造した醸造場を県指定文化財とした。これを受けて勝沼町では、ワイン郷の観光施設や国宝のある大善寺、幕末の新撰組の戦地史跡などにこれらのワイン関係文化財を加えた観光ルートを整備している。

ぜひ皆さまには、ぶどうとワインの歴史と文化を味わえるワイン郷を訪ねていただきたい。

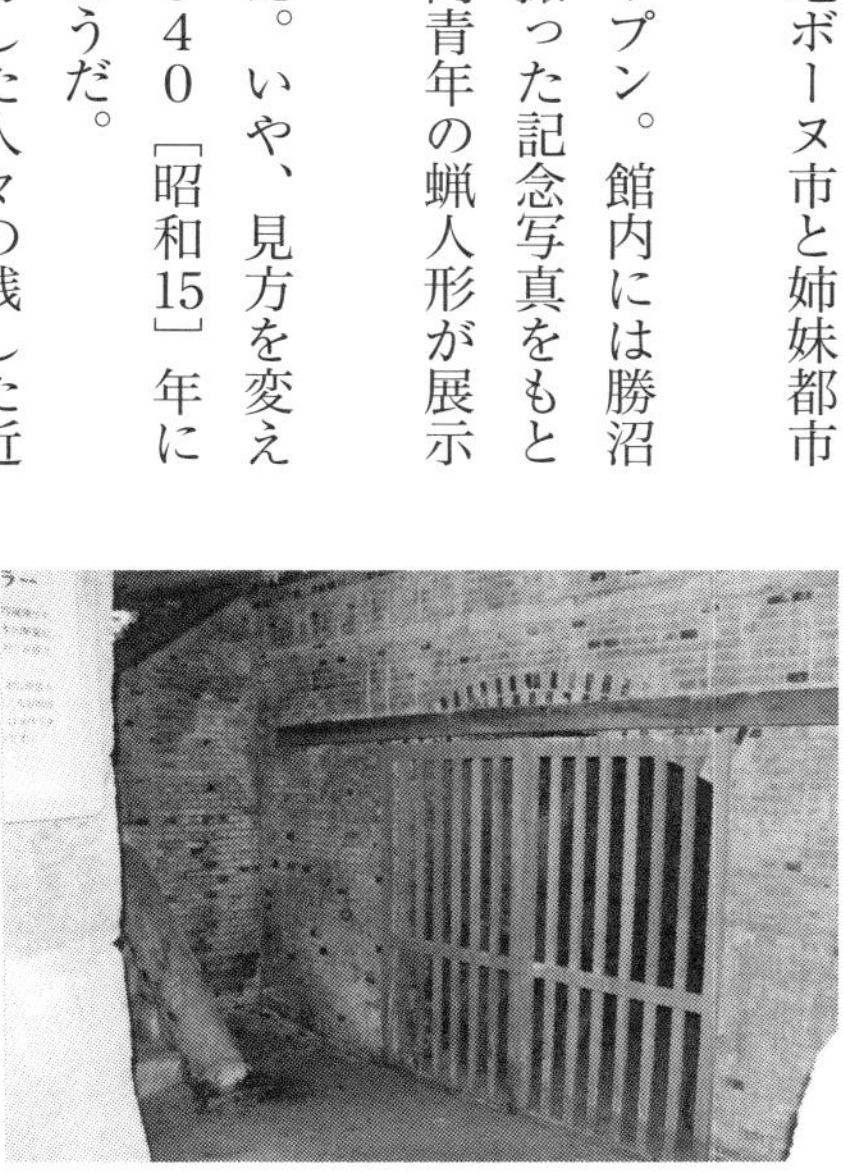

登録文化財に指定されている竜憲セラー（勝沼町提供）

暴れ川天竜を治めた植林のアイディアマン

金原明善

きんばら・めいぜん　1832〜1923。酒造業などを営む大地主の家に生まれ、明治維新後、天竜川の治水事業に取り組む。1885年以降は治山事業にも着手し、天竜川流域の瀬尾官有林をはじめとして各地で植林事業を行った。

文・赤座憲久　児童文学作家

暴れ川天竜のほとりに

1832（天保3）年6月7日、遠江《とうとうみ》（現・静岡県）の安間《あんま》村（現・浜松市安間町）天竜川のほとりに、金原明善（幼名弥一朗）は生まれた。代々その一帯の地主で、父親は名主役として農民のつくったものを集めて、幕府に納める役割があった。物を預かって金を貸す質屋を家業としており、祖父母は多くの人を使って造り酒屋をしていた。

そんな豊かな家の御曹司として生まれたのだから、村の人たちはむろんのこと、上方からも江戸からも商人がお祝いにやってきた。何の不自由もなく育ち、そのまま父親の仕事を継げばいいわけなのに、そうはいかなかった。

天竜川がよく氾濫したからである。天竜川は、八ヶ岳に降る雨を貯える諏訪湖から、木曽山脈と赤石山脈の間の、伊那谷と天竜峡を抜け、曲がりくねって遠州灘へ流れ込む。しかも、天竜川に合わさる支流が10ほどもあり、伊那谷や飯田盆地は降雨量が非常に多いので、その下流はあふれるまま。暴れ出したら徹底的に暴れる。

なんとかしたくても江戸幕府の力は弱まっていたし、国内の騒ぎに加え外国からも通商を迫られ、国中右往左往の時期に天竜川の洪水氾濫が繰り返された。思い立ってなんとかしようとした明善は、18歳の時に風邪がこじれ、このままでは肺結核になる恐れがあると医者にいわれた。その頃「ろうがい」と呼んでいたが、一度かかったら治らない恐ろしい病気であった。母親は37歳の若さで病死し、祖父もその頃亡くなった。

失意の底に追い打ちをかけられるような自分の病気に、どうしても克たねばならない。病床からやっと起き上がれるようになってからは、毎朝、井戸水を汲んで頭からかぶった。それで健康を取り戻したと安易には考えられないが、少なくとも気力を引き立てたことは確かだ。

その年、１８５０（嘉永３）年の夏が過ぎて秋の取り入れの頃、何日も雨が降り続き、上流の雨量も多かった。天竜川は渦を巻きうなりながら流れた。父親が幕府の出先に詰めたきりであったから、明善が身づ

金原明善（明善記念館提供）

くろいし父親に代わって村の人々と土手に上がった。上流から流れてくるわらぶき屋根の上に鶏が乗っていたり、牛や馬や豚も流れていく。材木も何本かぶつかり合い、浮きつ沈みつして流れていく。

どこかの堤が切れたのだろう。金原の屋敷は高めにあり、よほどの増水でも浸水しない。といっても村が危なくなった。みんな金原の家にくるよう川太鼓を打たせて知らせた。

家や田畑を守ろうとしていて、人が水に飲まれてはいけない。とにかく命が大切だからと母屋だけでなく宝蔵や米蔵も開放して、そこで炊き出しをし、水の引くまで暮らすようにした。水が引いてからも、明善は父親や一人娘を連れて母親代わりをしにきてくれている人とも相談し、洪水の後始末をしようとした。堤を築いたり、田畑を復旧し家を建てるのには金がかかる。力の弱まった幕府には、何もできそうにない。年号でも変えたらと、１８５４年「安政《あんせい》」になった。

治水対策としての植林事業

翌年、明善22歳の時に大地震が起こり、みんなで築いた天竜川の堤が崩れてしまった。不安な揺り返しは1年も続いた。そんななか、母親代わりをしていた人が正式に父親の後添いになった。しかもその一人娘玉城《たまき》は骨身惜しまずよく働いた。年ごろの娘のりりしさと心ばえに、23歳になっていた明善はひきつけられた。

両親、それに息子と義母の娘という、2代夫婦ができたわけである。玉城に励まされ、明善は何度も江戸に赴き、天竜川の治水について請願したが、いっこうに道は開けない。そうこうしているうちに、5月と12月と1年に2回も天竜川が氾濫した。1860（万延元）年のことである。そしてその翌々年にも。どんなに堤を強くしても、上流の思いがけない量の雨水がどっと押し流されてくるのだから、ひとたまりもない。上流域に植林することが先決だ。それにしても、安間村の一名主《なぬし》がそんな提言をしても取り上げてはもらえない。

莫大な金を必要としたが、自分で工面してやらねばならないと、明善は思った。まず父親に商取引することを進言した。江戸への行き来に横浜を通り、そこで日本各地の人や外国人に出会っていたからである。父親は激怒した。それは決して国のためにも安間村のためにもならないと。攘夷《じょうい》の叫ばれていた頃であるから当然とはいえ、明善はひたすら父親を説得して聞き入れてもらった。横浜に「遠江屋貿易店」という店を構え、地元の茶や生糸、椎茸などを船で運ぶ。それに必要な資本は金原家だけでは不足なので親戚からも借りて始めた。うまく進まなかったが、落胆はしなかった。無一文になりながらも、立ち直る方策を編み出した。

新しい時代の幕開けとともに

幕府が倒れ、新しく明治政府ができた時、明善は36歳。父親が61歳で息を引き取る時、明善は天竜川の治水を誓った。それからは明治新政府の、特にその要職にあった大久保利通《としみち》とじかに話し合って、事が進みかけた。が、大久保が凶刃に倒れた。

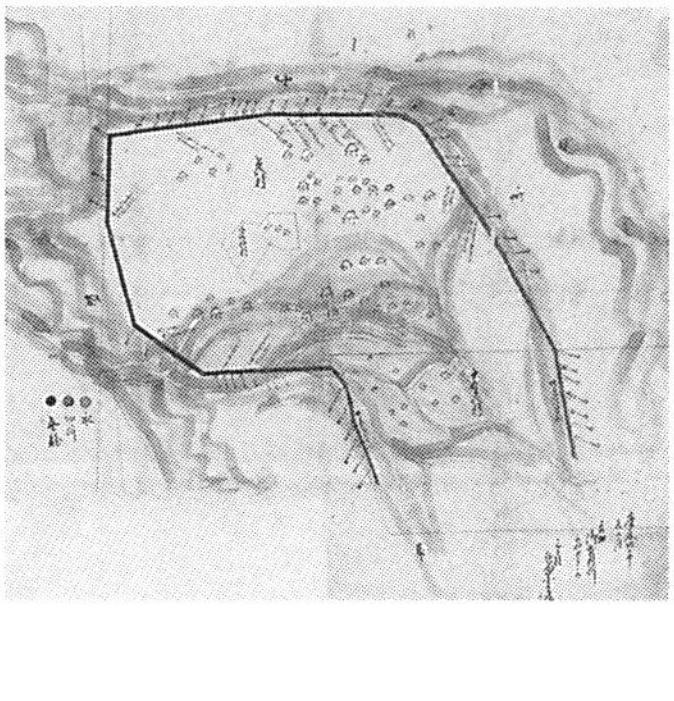
氾濫による被害を記した「慶應四年三ヶ村絵図」（浜北市教育委員会提供）

これで頓挫かと思いきや、申請してあった天竜川の工事許可の署名捺印はなされていた。協力者もあらわれ、明善は自ら測量や工事の先頭に立った。治水についての私塾もつくり、河畔に小屋がけして寝泊まりしていた。

1880（明治13）年の河原の石も焼けつく夏、ぼろをまとった一人の男が、働かせてくれとやってきたので仕事を与えた。聞けば静岡の監獄（今の刑務所）を出てきたばかりとのこと。働いている姿に感服した明善は、その人となりを聞いてさらに感激し、人々に呼びかけ服役者と話し合う場や、刑余者更正相談の場を設けた。

50代半ばを迎えた明善は、植林についての技術を身につけるために天竜川上流の荒れた瀬尻《せじり》の山に入った。しかもいちいち家から通うのに手間取るからと、山の岩穴に泊まり込んだ。その山の植林の許可は1886（明治19）年に下りた。約800ha。杉240万本、檜《ひのき》30万本の苗木を植えるのである。依頼されて請け負うのではなく、許可を得て植林し、15年経つと政府へ返納する。

多くの働き手が納得するだけの貸金や食糧費は、明善が工面しなければならない。苗の下草刈りをする鎌を考案し、「山鎌」と名づけたが、人々は「明善鎌」と呼んだ。遠江屋貿易店はうまくいかなかったが、倒れかけた丸家銀行を助けるため、別の銀行をつくった。東里為替店でのちの金原銀行である。明善の預かった金の利息を丸家銀行にまわし、丸家銀行から借りて返せないいくつもの店を助けた。丸善もそうであるし、油家の井筒も文房具や印刷の中屋も丸屋指物店などそうであり、それらにはそれぞれ明善の信頼する人を責任者として置いた。収益で、各地の荒れた山林を買い上げ植林を始めた。静岡県をはじめ愛知県、滋賀県など、合わせて1万3167haに及び、治山治水に大きく貢献している。

明善は山林からの利益が自分のものにならないよう、金原治山治水財団に委託した（現在、浜松市安間町に㈶金原治山治水財団の「明善記念館」がある）。のちの「天竜川駅」へ、材木運搬の便益のために鉄道付設したのもそうだが、今でいうアイディアマンであったといえよう。

日本が富国強兵を国策として打ち出した頃、一番不足していたのが軍艦であった。海防費献納という名目で、軍艦をつくる金を国が集めた。1887（明治20）年、そのさたが静岡県令（今の知事）から明善のもとに届き、金額によって相当な位がもらえるというのだ。めったに腹を立てない明善がその時ばかりは、声を荒げた。「位を金で買えとは何事だ」と。

思えば国の始めた事業の払い下げをして財閥になった人がいるのに、明善は、国がやるべきことを国に代わってやったわけだ。青年期の病をすっかり吹っとばし、請われれば講演に出かけ、1923（大正12）年1月14日、すでに先立っていた愛妻玉城を追いかけるように、91歳の大きな生涯を静かに終えた。

瀬尻学術参考保護林。明善の尽力により、瀬尻の山は豊かな森に生まれ変わった

第4章

世界に伍する

岩崎彌之助
道永えい
大原孫三郎
小川芋銭
宗像利吉

丸の内をビジネスセンターに育てた先見の経営者

岩崎彌之助

いわさき・やのすけ １８５１〜１９０８。三菱財閥創設者である弥太郎の弟で、２代目社長。渋沢栄一らの出資グループと争い東京・丸の内の買収に成功。その後、同地をオフィス街として開発し、三菱発展の地歩を築いた。

大名屋敷が建ち並ぶ一角

東京・丸の内。東京駅と皇居の和田倉門を結ぶ通りの南北に広がるこの一帯には、日本を代表する金融、商社、メーカー、マスコミなど４０００以上の企業・団体が集まる。昼間労働人口はおよそ24万人。世界有数のビジネスセンターであるこの地域を、いつの頃から「丸の内」というようになったか、実ははっきりしない。

「丸」という言葉は、江戸城「本丸」「二の丸」などの「丸」である。城郭の内部のことで、すなわち江戸城の内部の部分の名称と思われる。内郭が完成したのは１６２９（寛永６）年であるから、「丸の内」の呼称はそれ以降と見てよいだろう。江戸時代には、高く長い塀で囲まれた10万石以上の大名屋敷が建ち並び、幕府の評定所、町奉行所などの重要な機関もこのエリアにあった。

明治新政府となった1872（明治5）年にも「丸の内」という正式町名はまだ見えない。この頃、「有楽町」「八重洲町《やえすちょう》」などの町名がつけられた。町名変更により八重洲の一部が「丸の内」となったのは1929（昭和4）年のことである。

明治から昭和へ。その間、丸の内一帯は大きく変わった。最大の転機となったのは、三菱《みつびし》による土地買収と大開発である。

兄を継いで2代目当主に

三菱地所株式会社をはじめ、現在の三菱グループの創始者は、土佐藩《とさ》（現・高知県）出身の岩崎彌太郎《やたろう》である。

岩崎彌之助（三菱史料館提供）

岩崎家はもとは郷士《ごうし》の身分だったが彌太郎の祖父の代に生活に困り、郷士株を売って農家になった。土佐藩の郷士は、普段は農業に従事し事あれば武器を持つ。功績があれば士分に抜擢される地方の名士だ。株を売って郷士の権利は失ったものの、岩崎家は、かつての郷士のプライドを持ち続けて幕末を迎えた。

総領息子の彌太郎は1834（天保5）年生まれ。少年時代から早熟で、英明ではあったが傍若無人であったという。21歳の年に江戸へ向かい、その後幕末維新の回天を生き延びて、実業の世界に身を投じようと決心する。37歳で汽船での運輸事業を興し、明治政界の大立て者大久保利通《としみち》らの後援を得て、海運事業をほぼ独占するまでになった。しかし彌太郎は、1885（明治18）年に死去。弟彌之助が2代目を継いだ。

実は、彌太郎の死因の一つは、海運事業をめぐるビジネス戦に疲れ切ってのことではないかという説がある。三菱が急成長し海運事業をほぼ独占するようになると世間の非難が相次いだ。そんななか、後ろ盾の大久保が暗殺され、大隈重信《おおくましげのぶ》参議が失脚すると政府の支援を失い、さらに三菱への姿勢を硬化させた政府の肝いりで財界の重鎮渋沢栄一《しぶさわえいいち》らによる共同運輸会社が発足。海運事業は寡占の2社による値引き合戦の様相を示し、これには、さすがの彌太郎も消耗したというのである。

彌太郎は「治世の能吏、乱世の奸雄《かんゆう》になるのが望み」とうそぶく剛胆であったが、52歳で世を去った。17歳年下の彌之助は兄の後を継いだ時には35歳。すでに10年以上にわたり、大酒もたたり体調を崩しがちだった兄に代わって社業全般を見ており、実質的な三菱の経営者であったし、兄に劣らぬ気概であったという。

「創業と守成」という言葉がある。どちらが困難という論議は意味を持たないが、彌太郎が創業した三菱が一大企業グループになったことは、彌之助の功績を抜きには語れないであろう。

なぜならば、彌之助の決断によって丸の内の買収は成立し、三菱（現・三菱地所）

彌之助の兄で三菱グループ創始者の岩崎彌太郎（三菱史料館提供）

は「日本一の大家さん」となったし、今日に至るグループの拠点ができたのである。

渋沢との再度の戦い

彌之助が三菱の2代当主となった頃、丸の内には司法省や陸軍省の用地、東京鎮台《ちんだい》の兵舎などがあった。明治政府は1877（明治10）年の西南戦争を経て政治情勢が一段落すると、旧江戸市中の開発の必要に迫られた。市区改正委員会が組織され、検討を重ねた結果、政府所有地である丸の内一帯を民間に払い下げ、開発にあたらせてビジネスセンターをつくる構想が持ち上がった。

その時、買収の名乗りをあげたのは、渋沢栄一と三井、大倉喜《き》八郎《はちろう》らが組んだ出資グループと、彌之助率いる三菱の二つの勢力であった。彌之助は、兄の彌太郎と海運事業の覇権を競ったライバル渋沢と、今度は陸上で争うことになったのである。

この合戦は、2グループが半々の土地開発の権利を持つという念書がつくられ、双方の署名を待つだけという段階までたどり着いたが、彌之助がその条件を蹴ったことによって協定は崩壊した。そしてついに、1社に払い下げたいという政府の思惑にも沿い、社運を賭けた巨額の出費に踏み切った三菱が買収に成功、一帯の開発に乗り出すことになったのである。

この勝負、彌之助にとっては、海の敵を陸上で、という結果になった。

しかし、その頃の丸の内の様相といえば、

「私の子供だった時分、明治37年ぐらいまでの丸の内は、三菱ヶ原と呼ばれて、8

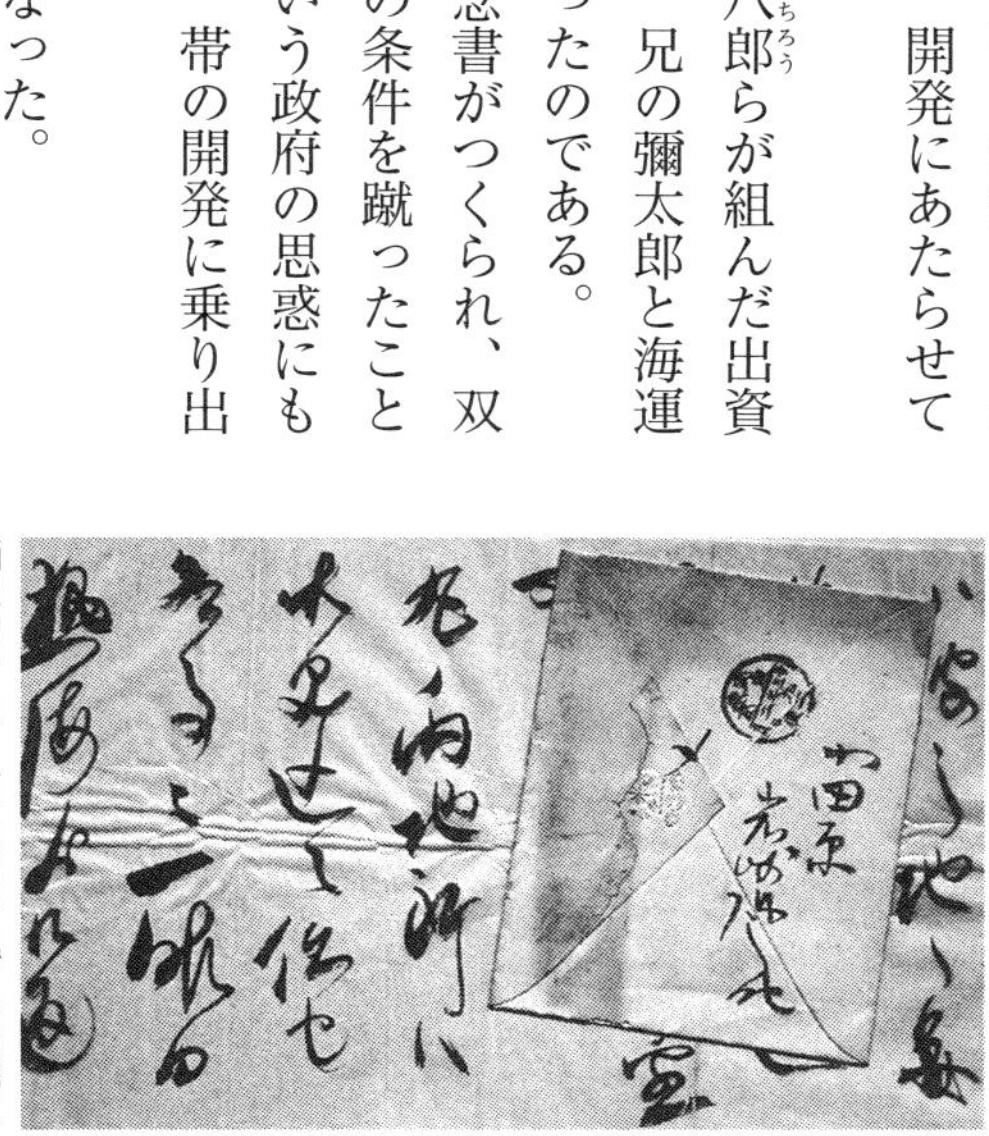

彌之助から、丸の内買い上げの実務にあたっていた荘田平五郎へ、早期の決着をはかるよう促した書状（三菱史料館蔵）

万坪余は草茫々の原野だった。和田倉橋の辺に立って、日比谷の森が見通せた」（岡本かの子『丸の内草話』1939年）

こうした状況であったが、彌之助は1891（明治24）年に東京府に提出した届け書きに、

「同地域は宮城に接し東京市の中央にあって、もっとも中枢になるべき土地であるので（略）投資する以上、石造・煉瓦等堅固な建築物以外は、建築しないつもりである」と開発の決意のほどを示した。すでに彌之助は、丸の内をロンドンのシティのようなビジネスセンターに開発しようという意図を持っていたようである。彌之助という人は、人柄に集まる信頼篤く、堅実な経営の手腕を評価されたが、丸の内開発のための先見の明もうかがうことができる。

三菱では、ロンドン生まれの高名な建築家コンドルに協力を求め、門下の曾禰《そね》達蔵《たつぞう》が建築士として入社した。コンドル―曾禰らの設計によって、我が国初のオフィスビル街として、丸の内の開発が始まったのだ。

一丁ロンドンの誕生

丸の内開発の事務所として「丸ノ内建築所」が設けられ、建築が進んだ。1894（明治27）年には第1号館が竣工した。翌年、翌々年と2号館、3号館が完成し、オフィス街区としての外観が徐々に整っていき、一帯は、人々の目を驚かせ「一丁《いっちょう》ロンドン」と称されるようになった。

1902（明治35）年頃に撮影された「三菱ヶ原」

一丁ロンドンの新しさは、オフィス専用のストリートとしてつくられたこと、賃床形式であったことである。設計陣は、まちなみを整えることにも注力し、統一感のある街区が生まれた。次に、賃床形式ではあったが、現在の貸ビルとは異なり、テナント別の入口がところどころについておりトイレなどはテナント別という、棟割り長屋方式のテナントビルだったことが特徴である。

１９１４（大正３）年、東京駅が開業した。帝都の玄関口ができ上がると、丸の内のオフィス街としてのステータスは、日本一の地位を確立した。

そして、丸の内の象徴、丸の内ビルヂング――通称「丸ビル」は１９３７（昭和12）年２月に完成した。エレベーター10基を備え、エレベーターホールを中心に人々の動線が考えられた。日本ではごく初期の、本格的なオフィスビルの誕生である。

巨大なビルは人々を驚かせたが、１階に設けられたショッピングアーケードは、新鮮だった。大食堂が地下で営業し、上階にはビヤホールが入った。大丸呉服店もテナント入居して営業し、その向かいには高浜虚子《きよし》の主宰する俳句誌「ホトトギス」の発行所があり、隣には外国人のオフィスというような盛況であった。創業当時の丸ビルでは、下駄の預かり所が設置された。多くの人が下駄履きで訪れたためである。さらにエレベーターに乗って、うやうやしく正座する人もいた。そういう時代である。

時は過ぎて２００２（平成14）年９月、旧丸ビルの跡地に新しい丸ビルがオープンした。各種の再開発プロジェクトによって、オフィス、ホテル、大規模商業施設などを含んだ丸の内全体の再構成も進んでいる。

１９５３（昭和28）年、完成直後の新丸ビル（毎日新聞社提供）

岩崎彌之助が夢見た丸の内の1世紀後がどんな姿であったとしても、現在の丸の内はおそらく彼の想像を凌駕しているだろう。

主な参考文献
『日本のリーダー6―資本主義の先駆者』（村上元三他著／TBSブリタニカ）『明治の東京計画』（藤森照信著／岩波書店）『丸の内百年のあゆみ―三菱地所社史』（三菱地所）『三菱地所』（別冊新建築／新建築社）

もてなしの心で日露の架け橋となった「長崎の女王」

道永えい

みちなが・えい　1860～1927。10年間のロシア滞在などで鍛えた語学力を活かし、ロシアとの窓口になっていた長崎にホテルを開業。日露関係が緊張する社会情勢下にあって、ロシアの陸軍大臣クロパトキンを宿泊させるなど、日露友好の架け橋となった。

おろしや租界・稲佐

その美しさを100万ドルとも1000万ドルともたたえられる長崎の夜景。360度の大パノラマを味わえることから、長崎市街の西にそびえる稲佐山《いなさやま》山頂が、一番の景観を誇るといわれている。その稲佐山山麓に、国際都市長崎にふさわしい墓地がある。稲佐悟真寺《ごしんじ》国際墓地――。16世紀末に創設されてから、中国人、オランダ人、ロシア人など、幾多の外国人を葬ってきた由緒正しき墓地だ。異国の地で亡くなった彼らがここに埋葬されたのである。

日本が鎖国していた江戸時代、外国に開かれた唯一の窓である長崎でさえ、中国人とオランダ人しか滞在が許されていなかった。ではなぜ、幕末に至るまで国交のなかったロシアの人々の墓が、この地に多く残されているのか。1860(万延元)年、国交を開いたばかりのロシアからの要請で、水兵相手の「露西亜《ろしあ》マタロス休憩所」という遊女屋が稲佐(現・長崎市稲佐町)に開かれたからだ。以後稲佐には、病院やドック、工場などのロシア海軍用施設が次々と建設され、ロシア極東艦隊が長期越冬する「おろしや租界」として活況を呈したのである。

1880(明治13)年頃、このまちに一人の若い女性が姿をあらわした。道永えい、のちに「稲佐のお栄」「オロシヤお栄」「長崎の女王」などと呼ばれた女丈夫《じょじょうふ》である。

ロシアで一攫千金

道永えいは、稲佐にロシア水兵相手の休憩所ができたのと同じ年に、「島原の乱」の天草四郎時貞《あまくさしろうときさだ》で有名な天草大矢野島(現・熊本県天草郡大矢野町)に生まれた。代々庄屋を務める家柄だったが、12歳の時に両親を亡くし、遠縁を頼って長崎へ出た。当初茂木港(現・長崎市茂木町)の旅館で女中奉公をしていたえいは、ホテル兼ロシア料理屋「料亭ボルガ」の女将諸岡まつの世話を受け、20歳の頃にロシア将校集会所で家政婦として働き始める。

集会所で働きながらロシア語を習得したえいは、その器量のよさも手伝って、瞬く間に将校たちの人気を獲得する。将校たちから見聞きするロシアの話は、彼女の大陸への夢をかき立てたのだろう。稲佐にきて1年余りで、ロシア艦バルト号の艦長付きボーイという名目でウラジオストックに渡る。

えいには商才があった。国内で買い集めて持参した当時20円分の真珠を５０００円で売りさばき一夜にして財をなすと、その資金を元手にさらなる事業展開を考えた。バイカル湖周辺のタイガ（亜寒帯性針葉樹林）に目をつけ、パルプ関係の事業を起こそうと現地調査まで行っている。そのほか、この時期の現地での行動はつまびらかではないが、相当な財産家となりロシア社交界へのデビューも果たしたえいは、10年後、稲佐に凱旋した。

ロシア社会のキーパーソン

稲佐に戻ったえいは、改めて「料亭ボルガ」で働き始めた。ただし、今度は単なる家政婦ではなく、名実ともにまつの右腕である。ロシアにおける10年間で、彼女のロシア語会話と社交術は卓越したものとなっていた。

長男の敬を抱く道永えい（毎日新聞社提供）

当時、えいの名声をさらに高めるできごとがあった。１８９１（明治24）年、ロシアのニコライ皇太子（のちのニコライ２世）が東洋巡遊中に長崎へ立ち寄った折りに、宴席の幹事を仰せつかったのである。明治天皇の招待で来日中の皇太子はまさに国賓。お忍びでの宴席における役目とはいえ、民間人としてはまたとない栄誉であった。

この頃より、まつからの独立を考え始めていたのだろう。1893（明治26）年、33歳のえいは再び船上の人となる。ロシア艦で上海に渡ると、そこで2ヵ月を過ごすうちに多くの人士と交わった。そして、帰国するとすぐ稲佐台地に300坪の土地を借用。20の客室にロビー、宴会場や遊技場も備えたホテル・ヴェスナー（春）を開業した。えいはついに、一国一城の主となったのである。

この後数年間がまさに、彼女にとって絶頂期であった。

日露戦争（1904〜05）前に記されたと思われる「稲佐ト露西亜人」という資料に、えいに関する記述がある。「ロシア語が上手で、日本に来航しているロシア人でも特に軍人であれば、彼女を知らない者はない」という内容からは、彼女が軍人を中心としたロシア人社会においてキーパーソンと見られていたことがうかがえよう。1900（明治33）年、平戸小屋（現・長崎市大鳥町）の高台にロシア高官のみを顧客とする小ホテルを建てる頃には、「長崎の女王」の名は遠くロシアの首都ペテルブルグ（現在のサンクト・ペテルブルグ）まで鳴り響いていた。ロシア極東艦隊の基地であるウラジオストックでは、カルタ遊びなどに興ずる美女「オヤーサン（お栄さん）」の話で持ちきりだったといわれる。

蜜月の終わり

1903（明治36）年、ロシアの陸軍大臣クロパトキンが来日する。日露関係が緊張をはらむなか、軍事視察が目的であった。クロパトキンは平戸小屋のホテルに20日間ほど宿泊し、長崎の三菱《みつびし》造船所などを訪問。思いのほか進んでいる近代化と軍備拡張に危機感を抱きながら帰国した。

この時えいは、常のごとく丁重に応対した。しかし、緊迫する社会情勢は、こうした行動を「非国民」視する雰囲気を醸成する。この頃のえいは、未婚の母として養女と父親不詳の息子を育てていたが、一家は「露探《ろたん》（スパイ）」の言葉とともに投石されるなど迫害を受けた。日露戦争に突入すると、ホテルには宿泊客がなくなり、稲佐のまち自体も活気を失ってしまった。

1905（明治38）年にロシアが降伏すると、旅順《りょじゅん》要塞地区司令官ステッセル将軍以下数千人の捕虜を、稲佐のまち全体で収容することとなった。将軍とその家族の宿泊先に指定されたのは、もちろんえいのホテルである。だが、県当局からの申し入れを彼女はいったん固辞した。ホテル・ヴェスナーの経営をまつに任せなければならないほど、健康を損ねていたからだ。しかし、高位のロシア人を応接できる宿泊施設など、えいのホテル以外にない。「オロシヤお栄」は、ステッセルの受け入れを決意した。

えいの饗応ぶりは、県当局が望む以上のものだった。紋付きの礼装に身を固めたえいに出迎えられた将軍一家は、到着早々に極上の紅茶や菓子などを供され、そのもてなしぶりに感謝し、かつホテルからの眺望を絶讃したという。

ロシアとともに栄えたおろしや租界は、捕虜収容により一瞬賑わいを取り戻した。しかしそれは、火が消える前の一瞬の輝きのようなものである。えいも、ロシア高官

露西亜マタロス休憩所の古写真。同所は稲佐遊郭とも呼ばれた（長崎市立博物館蔵）

たちに愛されたホテルを廃業せざるを得なかった。

未来に結実した民間外交

ロシアとの友好関係継続の道を絶たれたえいだが、国際派としての歩みを止めるつもりはなかった。１９０６（明治39）年、少女時代を過ごした茂木のホテルを譲り受け、洋風建築に改装したうえビーチホテルと名を変えて開業したのである。稲佐はおろしや租界としての使命を終えたが、茂木は海上交通の要衝であり、レジャー・スポットとして長崎在住の外国人の人気も高かったことから、発展性があると読んだのだ。

彼女の読みは当たった。和英両文のポスターでの宣伝や客を連れてきた人力車夫へのチップ制度などのアイディアも功を奏し、ビーチホテルは外国人観光客でわき返った。

順調にホテル経営を続けたえいは、１９２４（大正13）年にビーチホテルの経営から退き、１９２７（昭和２）年5月に68年の生涯を閉じた。その晩年は社会奉仕とロシア将兵の供養に捧げられ、激動の前半生に比しておだやかな日々であったという。

えいの人生哲学は、バイタリティーを武器に日露友好の架け橋となり、そのなかで自分も利益を上げようというものだったのだろうか。おそらくそうではないだろう。彼女の行動の底辺には、異境で苦労するロシア人の力になってあげたいというホスピタリティーがあった。自らが故郷を離れ、長崎やロシアで周囲に助けられた経験がそうさせたのかもしれない。そうした彼女のメンタリティーが、ニコライ皇太子やクロパトキンといった高貴なロシア人たちに、日本への親近感を抱かせたとはいえないだ

のちに帝政ロシア最後の皇帝となるニコライ皇太子（長崎市立博物館蔵）

ろうか。

ニコライ皇太子は、えいと稲佐で宴席を囲んだ直後の1891（明治24）年5月11日に、滋賀県大津で護衛の巡査に斬りつけられるという災難に遭った。しかしながら、彼の日記には日本に対する好印象が記されている。クロパトキンは軍事視察から帰国後、ロシア宮廷で対日非戦論を展開している。

そして、青春の地であるロシアを思うえいの気持ちは時間をも超え、現代へとつながった。

稲佐悟真寺国際墓地内のロシア人墓地の手入れに要する費用を、えいは生前匿名で払い続けていた。1991（平成3）年4月に来日したソ連のゴルバチョフ大統領（当時）は、この話を聞いて感激し、日露友好の証として墓参する。1世紀近く前の日露戦争以降縁遠くなっていた二つの国が、新しい関係の扉を開いた瞬間だった。ホスピタリティーあふれるえいの民間外交が、国家間外交に範を示したともいえるのではないだろうか。

今や、稲佐のまちにおろしや租界の面影はほとんど見られない。いくつかの木造洋館に、その名残が認められる程度である。しかし、ステッセルら多くのロシア人が愛した稲佐山から望む長崎の景色は、変わらず私たちの目を楽しませてくれる。

海抜333mの稲佐山から望む長崎の夜景

主な参考文献
『長崎の女たち』（長崎女性史研究会編／長崎文献社）『人づくり風土記』（農文協）

倉敷を近代化したフィランソロピーの先覚者

大原孫三郎

おおはらまごさぶろう　1880～1943。父が中心となって設立した倉敷紡績の社長に、1906年に就任。岡山孤児院長の石井十次に触発され、数々の社会事業を展開した。文化事業への理解も深く、倉敷図書館や大原美術館を設立した。

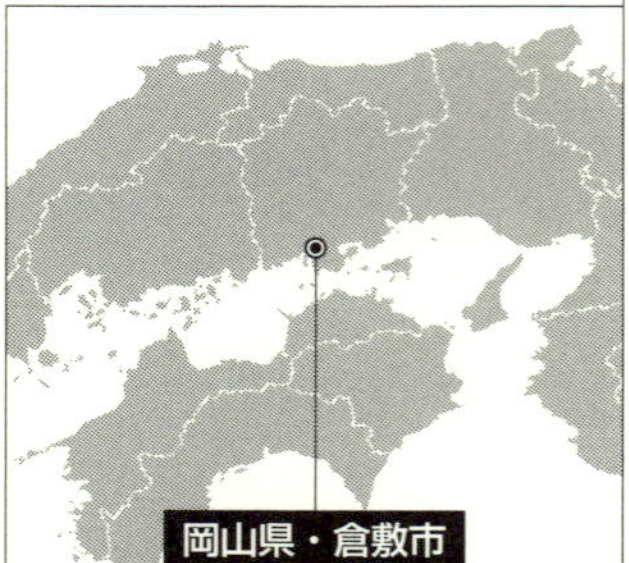

企業のフィランソロピー（社会貢献）やメセナ（芸術文化支援）は今や「企業市民」の当然の責務と考えられているが、早くも明治・大正期に、その理念を実践していた先覚者がいる。大原美術館の創立者、大原孫三郎。倉敷紡績の2代目として産業の振興に尽くし財界の重鎮となる一方、巨万の富を惜しみなく投じて病院や研究所、奨学会を設立、従業員の福利厚生の充実を図るなど社会事業に偉大な功績を残した。「10年先が見える」というその大きな目は、何を見通していたのか——。

人格主義の理想に燃えて

蔦《つた》（アイビー）の絡んだ赤煉瓦の壁が人気の、倉敷アイビースクエア。宿泊と文化施設を兼ね、年間多くの観光客が訪れる瀟洒《しょうしゃ》な建物は、倉敷紡績（現・クラボウ）の創業期の工場だった。シンボルの蔦は、当時の社長大原孫三郎が、西日で工場の室温が上がるのを防ごうと、壁に這わせたものである。

1901（明治34）年、父の興した倉敷紡績に21歳で入社した孫三郎は、従業員の労働環境の改善に取り組んだ。工場内に工員のための教育部や尋常小学校をつくり、診療所兼病棟も設けた。27歳で社長に就任すると、搾取の温床となっていた飯場制度を全廃し、非人間的な大部屋式の寄宿舎を分散平屋式に改築した。また大学新卒者を採用して人事刷新を行い、古い経営体制を一掃した。

大原孫三郎（大原美術館提供）

通底していたのは、「健全な従業員が会社発展の源であり、その生活を豊かにするのが経営者の使命だ」という信念である。自ら「人格主義」と呼んだ、労働者を自立した人間として扱うこの理想を、自身は学校教育もまともに終えなかった孫三郎がどうして身につけることができたのか。

人生の一大転機を迎えるまでの、彼の青春時代を追ってみよう。

親友のいない放蕩息子

大原孫三郎は、１８８０（明治13）年、江戸時代に棉問屋《わた》として財をなした倉敷一の豪商の三男に生まれた。父孝四郎《こうしろう》は、長男と次男が夭折《ようせつ》したため、三男の孫三郎を溺愛する。身体の弱いこともあって、孫三郎はわがまま勝手に育てられた。金持ちの息子であることも反感を買い、学校ではよくいじめにあうが、大きな目でにらみつけて反抗し、余計に疎《うと》んじられた。

そんな環境に嫌気がさし、孫三郎は15歳で東京に出る。しがらみから解放され、多くの新しい友人を得たかに見えたが、大半は孫三郎の懐目当てであった。東京専門学校（現・早稲田大学）に入学後も、取り巻きにたかられ、流されるまま遊び暮らす。高利貸に手を出し、膨れあがった借金がどうにもならなくなった頃、孫三郎は故郷倉敷に無理やり連れ戻された。

運命を変える人物との出会い

１８９９（明治32）年の夏、孫三郎はその後の運命を変える男・石井十次《じゅうじ》に出会う。石井は岡山孤児院の院長で、孤児たちが労働しながら教育を受けられる村をつくろうと奔走していた。孫三郎は、その熱意と果断な行動力に打たれ、15歳年長の石井に惹かれた。孫三郎自身、悪友と遊蕩生活にふけりながらも、在学中、鉱毒事件のあった足尾銅山へ出かけたり、倉敷でも小作農の暮らしぶりを見てまわるなど、社会的関心の強いところがあった。二人は急速に接近し、孫三郎は石井の孤児院を資金面から支えることになる。

キリスト教に深く帰依《きえ》した石井の人間愛や平等、協働の精神は、孫三郎に多大な影響を与えた。教育を天職と定め、働く若者のために商業補習校を設立した孫三郎は、自らも教壇に立ち「修身」を教えた。孝四郎とともに奨学金の給付も行ったが、それを希望して訪ねてきた東京美術学校（現・東京芸術大学）の若者が、孫三郎のもう一人の生涯の友となる児島虎次郎《とらじろう》だった。のちに「大原美術館」の基礎コレクションをつくる人物だ。

１９０２（明治35）年秋、孫三郎は地元の人々が等しく新しい知識を得る場を提供しようと「倉敷日曜講演会」を開始した。当時の岡山県知事と京都大学教授を皮切りに、その後24年間にわたり、徳富蘇峰《とくとみそほう》、新渡戸稲造《にとべいなぞう》、大隈重信《おおくましげのぶ》、海老名弾正《えびなだんじょう》、志賀重昂《しげたか》、山路愛山《やまじあいざん》ら、日本を代表する知識人が講師を務めることになる。

こうして、孫三郎は倉敷で生きる道を見いだしていった。

将来を見すえた事業展開

明治末期には日露戦争後の不況で紡績業界の再編が進んだが、孫三郎は、大胆にも自社の資本金を上まわる金額で吉備《きび》紡績を買収した。役員が揃って異を唱えるのを、「事業は度胸、わしの目は10年先が見える」と一蹴し、拡大路線に打って出たのである。その先行投資が大正時代に入ると実を結び、資本金・設備を倍増。火力発電所を持ち電力を動力にした万寿工場の操業を開始し、水力発電と組み合わせた電力会社・

創立当時の倉敷中央病院

備作《びさく》電気（中国電力の前身）を発足させた。さらに資金調達力を強化すべく、日本初の合同銀行・第一合同銀行（中国銀行の前身）を創設し、大実業家にのし上がった。

倉敷紡績は、１９２６（昭和元）年に倉敷絹織（現・クラレ）を設立して人絹《じんけん》（レーヨン）事業に、さらに１９３５（昭和10）年には倉敷毛織を設立して羊毛紡織にも進出した。孫三郎は利益を従業員にも配当し、働きながら貯金し教育も受けられるシステムを整えて、「従業員の幸福なくして事業に繁栄なし」との理想を貫いた。

一方、一時は１２００人もの孤児を抱えた岡山孤児院へも継続支援を惜しまず、石井自身「頼む者も頼む者、応ずる者も応ずる者」と呆れるほどの大金を注ぎ込んで、施設や教育を充実させた。

孫三郎はまた、精力的に社会事業を行った。まず１９１４（大正３）年、試験所を持つ農学校である大原農業研究所（現・岡山大学農業生物研究所）を設立し、６００町歩《ちょうぶ》の地主の役目だとして農業改良に取り組んだ。ここから、岡山名産のマスカットや白桃が生まれた。米騒動のあった１９１９（大正８）年には、貧困の原因をなくそうと、大原社会問題研究所（現・法政大学大原社会問題研究所）を開設。その2年後には万寿工場の敷地内に倉敷労働科学研究所（現・日本労働科学研究所）を設け、労働者の健康・心理状態の調査研究に着手した。ちなみに、ここで開発された栄養食「労研饅頭」は、「ろうまん」と称して今も岡山県などで販売されている。さらに2年後、従業員のための倉紡中央病院（現・倉敷中央病院）を開設。治療本位、患者本位の運営を徹底し、地域住民にも開放した。

ロダンの彫刻「洗礼者ヨハネ」と「カレーの市民」が左右に立つ大原美術館正面入口（大原美術館提供）

片足に靴、片足に下駄の人生

大正年間、孫三郎は研究所員、倉紡社員ほか合計24人を欧米留学に派遣したが、その一人に児島虎次郎がいた。刺激の少ない日本を離れ本場で修業させるのが目的だったが、児島は別の決意を秘めていた。日本で勉強する画家たちのために、本物の絵をなるべく多く持ち帰りたいというのだ。孫三郎は求めに応じて資金を出し、二度にわたる児島の渡欧で、モネやマチス、エル・グレコら巨匠の作品が買い集められた。

ところが、その児島は1929（昭和4）年、49歳で世を去ってしまう。孫三郎は追悼の意を込めて、児島の絵と収集した泰西名画を常設する美術館の建設に踏み切る。昭和大恐慌の嵐吹きすさぶなか、反対を押し切っての着工で、翌年秋、我が国初の西洋美術館である大原美術館が開館した。孫三郎最後の社会事業であった。

西洋絵画への一般の関心や理解がまだ低い当時、入館者は少なく閑散としていた。しかし、1932（昭和7）年、満州事変の調査で来日したリットン調査団はここを訪れ、名画の数々に度肝を抜かれた。一説によると、このおかげで第二次大戦中も倉敷は爆撃をまぬがれたという。今では世界有数の美術館として定評のある大原美術館が、「文化都市倉敷」の基礎を築いたともいえるだろう。

晩年、「わしの一番の傑作」といってはばからなかった愛息總《そう》一《いち》郎《ろう》に後を託した孫三郎は、1943（昭和18）年、数え64歳の天寿をまっとうした。

彼は生前、「片足に靴、片足に下駄を履いて歩くのは難しい」と語ったという。実業と社会事業という、ともすれば利害の相反する二つの大業を、孫三郎は己の信

倉紡万寿工場跡地を利用して建設されたチボリ公園。デンマーク風のおとぎの国として人気がある

条に忠実になし遂げた。それは倉敷に産業の発展をもたらし、まちや人心に近代的で文化的な新風を吹き込んだ。

企業家の社会的責任を１００年前すでに見通していた大原孫三郎の精神は、彼の興した事業とともに生き続け、今なお光彩を放っている。

主な参考文献

『わしの眼は十年先が見える』（城山三郎著／飛鳥新社）

文・宮﨑隆典　ジャーナリスト

牛久沼の河童を「観光資源」にした文人画家

小川芋銭

おがわ・うせん　１８６８〜１９３８。本名は茂吉で、芋銭は号。洋画家本多錦吉郎に学び、牛久沼のほとりで描いたスケッチや漫画、挿画を新聞などに発表した。老荘思想の影響を受け、農本主義を理想とした土俗的な作品を多く残す。日本美術院同人。

牛久駅から30分の「河童の里」

筑波山を北方に仰ぐ茨城県牛久沼《うしくぬま》のほとりに、明治〜大正〜昭和を生きた〈河童の画家〉小川芋銭がアトリエにしていた「雲魚亭」がある。質素な木造家は、沼を隔てる孟宗竹の叢林《そうりん》と松林に囲まれてひっそりと建ち、庭の隅の「河童の碑」の辺りから河童や魚や雲が沸き出るかのような不思議な雰囲気が漂っている。ここから約10分の沼畔に、市がつくった新しい河童の像２基が建ち、一帯は牛久沼畔をめぐる〈河童の里〉散策コースとなっている。ＪＲ牛久駅から徒歩30分、商店街の雑踏とは無縁の、静謐な沼畔や雑木林の道を逍遥《しょうよう》する観光客は、ロマンに浸るようにうっとりとして見える。

古きよき時代に地域の人々の精神的な道しるべとなり、俳句も書もよくした仙境の画家が希求したのは、いったいなんだったのだろう？　訪れる人たちは、しばしそんなことも尋ねているのかもしれない。牛久市では子供向けの、小川芋銭の物語を上梓したが、雲魚亭の脇に住む芋銭の孫、小川耒太郎さんの話や資料から芋銭の足跡をたどってみる。

生芋を食う銭にと雅号は「芋銭」

芋銭は1868（明治元）年、江戸赤坂の牛久藩邸で、生を受けた。父は藩の山口筑前守《ちくぜんのかみ》の家臣、小川伝右衛門賢勝、母は松山藩の首藤氏の出で、名を栄といった。不動太郎と名づけられたが、まもなく茂吉と改名した。

小川芋銭

1871（明治4）年、廃藩置県を機に一家は東京を離れ旧藩地の新治県河内郡城中村（現・茨城県牛久市城中町）に帰り、父は農業をすることになった。1876（明治9）年、茂吉は牛久村の塾「牛久学舎」に入学、3年間学んだ。2年後、11歳になった茂吉は、修業のため「可愛い子を旅に」という父の計らいで、東京の叔母の小間物屋へ丁稚奉公に出され懸命に働いた。まわりが健康を気遣うほどで、そのため別の東京の伯母が引き取り、桜田小学校で勉強することに。

これが、茂吉が絵の道に進むきっかけとなった。桜田小学校の先生が伯母を訪ねてきて、「茂吉君は絵がうまい」と告げたのだ。伯母は茂吉の「絵を習いたい」という意志を確認し、画塾「彰技堂」へ入塾させた。その時茂吉は13歳だった。

ここで生涯唯一の絵の先生となったのが、同画塾の洋画家本多錦吉郎《ほんだきんきちろう》。誰にも平等にのびのび勉強させる先生の指導のもと、茂吉は4年間、ひたむきに絵を学んだ。

その後、小間物屋で働いたり、伯母や母方の首藤家に身を寄せたりして独学で絵の修業をし、洋画から次第に文人画（南画）へも画域を広げていった。

1888（明治21）年、19歳の時、改進党の尾崎行雄《ゆきお》の推挙により「朝野《ちょうや》新聞社」の客員の座を得、挿絵や漫画を描き、苦しいながらも画業で生計を立てた。茂吉の強い意志と情熱が画家への重い扉をこじ開けたのだ。

1891（明治24）年、雅号「芋銭」を初めて名乗った。雅号のいわれは、以前耳にした芋好きの徳僧の、あるエピソードだった。僧は盛親という名の僧都《そうず》（注1）で、盛親は師僧が身まかった際、銭200貫を受け継いだが、その銭を八百屋に持ち込み「これで一生涯芋を食わせてくれ」と寄託したという。その悠揚迫らぬ生き方が若い茂吉の心をとらえ、自分の絵が「芋を買う銭になれば」と願い、「芋銭」とした。

注1　僧正の次の階層。

絵、俳句、書を三位一体で深める

父はしかし、「絵は男子一生の仕事に非ず」と再三帰郷を迫った。それに抗しきれず、芋銭はついに1893（明治26）年、村に帰り農耕と養蚕を手伝うことになった。鍬をふるい、肥桶をかつぐ野良仕事は、身長150㎝と体格に恵まれない芋銭にとって楽なものではなかった。

それでも、芋銭は音を上げなかった。音を上げるどころか、暇を見ては絵筆をとった。描く絵は沼や田園の風景、農夫の姿などで、そうした〈画材〉が、「絵を描きたい」という芋銭の内なる欲望をかき立ててやまなかったのである。

農村に身を置き、農耕をしつつ絵を描く道を芋銭は次第に意識して求めるようになった。父も言葉にこそ出さないが、少しずつ農村画家芋銭を認めるようになっていった。

1895（明治28）年、27歳で芋銭は同じ村の農家の娘〈こう〉をめとった。頑健で働き者の妻は芋銭の分までよく働き、内助の功を発揮した。芋銭が絵の修業で長旅に出ても、不平一ついわず、1896（明治29）年に長男が誕生、合わせて5子をもうけたが、一人でしっかりと子育てまでやってのけたのである。

芋銭の仕事は「茨城日報」や「平民新聞」「読売新聞」、雑誌「文芸界」へと広がり、漫画や挿絵を描くかたわら、1910（明治43）年からは俳誌「ホトトギス」の表紙画も描いた。他方、芋銭は、32歳頃から取手の句会などに属し「牛里」の俳号で作句、めきめき力をつけた。絵に添える俳句の書もよくし、絵・俳句・書を三位一体で深めていった。

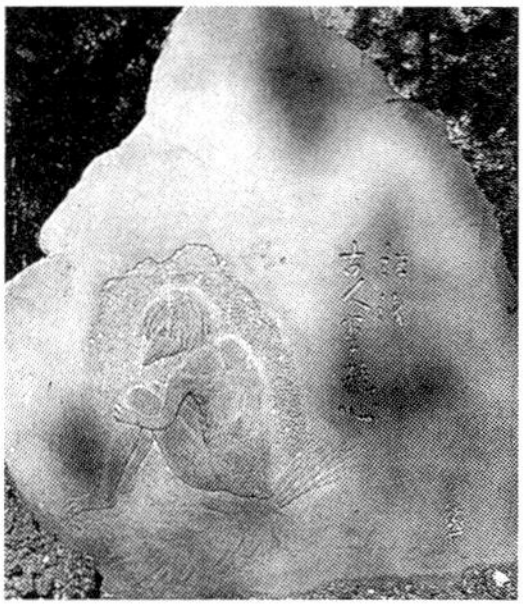

芋銭のアトリエ「雲魚亭」の庭に建つ「河童の碑」（牛久市役所提供）

余談だが、俳句を始めると芋銭の旅好きはいよいよ高じ、無二の句友となった兵庫の酒蔵の社長宅を何度も訪ねるうち、芋銭の次女と酒蔵の長男、芋銭の三男と酒蔵の次女を結婚させる瑞縁がまとまった。長閑《のどか》で人間関係の濃密な時代の話である。絵ばかりでなく芋銭は、若い頃から東洋哲学にも関心を持ち独学している。幸徳秋水《こうとくしゅうすい》らとも交わり、秋水らが大逆《たいぎゃく》事件で捕縛されると、芋銭も官憲に尾行されもした。正岡子《まさおかし》規《き》を訪ねたり、山村暮鳥《ぼちょう》らが来訪したりと交友は広く、それらの交友を通し芋銭は自らを磨いていった。

芋銭が画家として不動の地位を獲得したのは、１９１７（大正６）年、50歳の時である。川端龍子《りゅうし》らと結成していた珊瑚会の第３回展に出品した『肉案』（文人画）が認められ、横山大観《たいかん》らの推挙によって日本美術院同人となったのである。

自然と人間と改善一歩を愛した

芋銭は村人に偉ぶることなど決してなかった。日本の将来を担う青年たちに特に温かい目を向け、農村づくりも自己錬磨も、課題を一つずつ克服していくよう、自らの生き様を語りつつ人生の生き方を説いた。絵や俳句の手ほどきはしなかった。自ら習えということだったのだろう。青年たちに強調したことがある。地主と小作で成り立つ農業はいずれなくなり、農家はみんな平等になる、と説いたのだ。戦後の農地解放を見抜いていたわけだが、芋銭のそうした温かい人柄、大きな人間性、時代を見る鋭い目が、村人たちの敬愛を集めたのである。

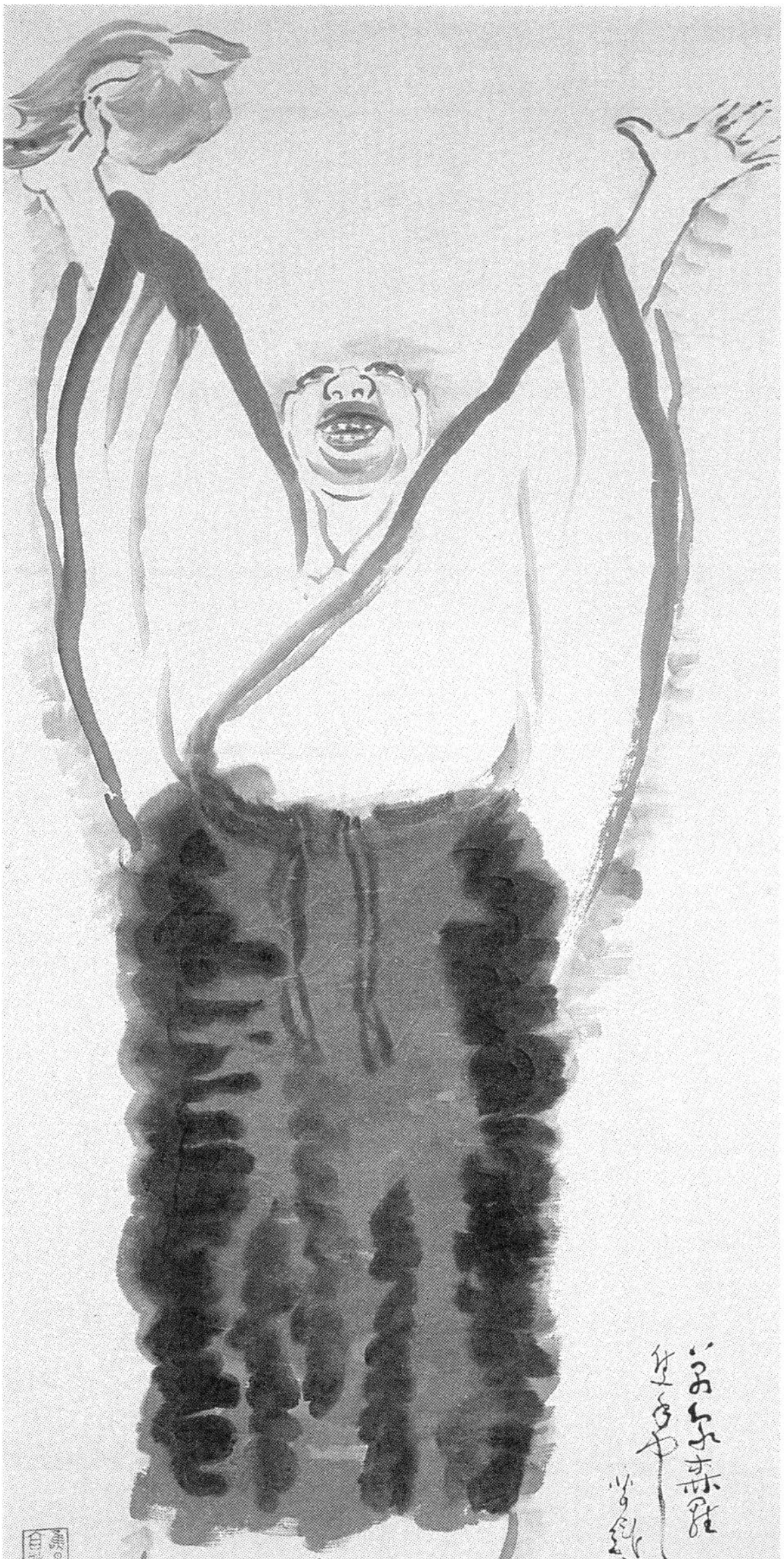

文人画家として評価されるきっかけとなった『肉案』（1917年作／茨城県立近代美術館蔵）

芋銭は金にも淡泊で、何かにつけて村への寄付を惜しまなかった。村の随所に道標を建てようということになった時、木製をみかげ石にするよう進言し、「改善一歩」と彫った20本の道標を寄付したことも。道路拡張の際に多くは消失したが、孫の耒太郎さんが折れた1本を拾ってきて屋敷の隅に立てている。

芋銭が、洋画から文人画へ画風を転じたのはなぜか。その詮索は評論家にとって難題のようだが、素人目には、牛久の自然のなかで農業をしつつ、自然を、生き物を、農民を愛し、俳句と書をよくした芋銭にとって、また東洋哲学を追究した芋銭にとって、ごく自然な心の軌跡の結果、と映るが、どうだろう。

1981（昭和56）年、神奈川県立近代美術館で開かれた「小川芋銭展（仙境の画人――沼と野と河童たち）」のカタログを見ると、作品の多くが田園風景であり、絵にはたくさんの牛、馬、キツネ、河童、それに農民たちが描かれているのがわかる。その姿や表情が実に生き生きとして、動物たちも人間的で可愛いのが印象的。えもいえぬ温か味を感じるのである。

没する前年、1937（昭和12）年の作『小六月《ころくがつ》』には、農家の佇まい、老婆と孫の絆、主婦同士のふくよかな語らいに、現代人をしびれさせるような古きよき時代の精神がある。貴重な時代の証言であろう。今我々がほとんどなくしつつあるものをなんとかして取り戻さなければと思う。

同年建てたアトリエに芋銭は「雲魚亭」と名づけた。そのいわれは誰も知らないとか。でも、訪れる人が自由にイメージできて楽しいではないか。この記念館（現在、

古きよき時代がしのばれる後期の作『小六月』（1937年作／茨城県立近代美術館蔵）

牛久市営）を訪れる人にはリピーターが多いと耒太郎さんがいうが、その理由は、ここに河童があらわれ、雲沸き魚が飛ぶかもしれない、と思わせる非日常があるから、と私には思える。

河童は人間の生活のなかにいる、見える人には見える——芋銭は村人にそういっていたそうである。

文・芳賀忠　大越町史編纂専門委員

福島の寒村を葉たばこの一大生産地にした「農聖」

宗像利吉

むなかた・りきち　１８７４～１９５８。生地福島県田村郡の特産品である松川葉煙草の栽培法を研究する一方、煙草耕作組合の役員として、８時間労働や合理的な農業経営、農事指導者の育成に取り組んだ。１９５２年に紫綬褒章を受章。

葉たばこの産地・大越町

福島県の浜通りと中通りを分けて、南北に走る阿武隈《あぶくま》高地の山峡の寒村、ここが大《おお》越町《ごえまち》である。標高４３５ｍから６００ｍの高地で、夏涼しく、冬は雪こそ多くはないものの、高地特有の底冷えと膚《はだ》を突き刺すような寒風が、すべての野外活動を停止させてしまうほどの厳しい気候である。

今から１００年ほど前、当時まだ村だったこの地方では、村人たちがわずかな耕地にしがみつくようにして、米作と自家で食べる程度の野菜をつくり、副業として葉たばこを栽培し、三春駒《みはるごま》（注１）を育てていた。だが、平均耕地面積が1町歩程度の零

注１　福島県三春地方に産出する馬の総称。乗馬に適し、荷の運搬にも使われた。

細農家にあっては、大家族を抱えて主食にすら事欠く有様で、わずかに葉たばこの代金が唯一の現金収入源であった。

そのたばこが大越地方で栽培されるようになったのは、江戸時代中期の宝暦《ほうれき》年間（1751〜64）の頃であった。その頃、農民が仲買人に葉たばこを売り渡した証文がそれを裏づけている。また、当時、近郷の村から産出した「松川葉」という葉が江戸で評判となり、この近辺一帯が松川葉の産地として知られるようになっていた。

1898（明治31）年、たばこ専売法が施行され、たばこは政府の管理のもとに置かれるようになったが、農家にとっては現金収入の安定した作物として歓迎された。だが、旧態依然とした栽培法では、品質の向上も、生産量の増加も望めなかった。ここに一人の偉大な指導者が出現して、品質改良を図り、生産量を増大させ、福島県を葉たばこの一大主産地にまで成長させた。その指導者こそ、今なお「農聖」と仰がれる宗像利吉その人である。

大越町に建つ宗像利吉像

17歳でたばこづくりの名人

宗像利吉は1874（明治7）年12月8日、福島県田村郡大越町字古内《ふるうち》に、宗像子之治、カツの長男として生まれた。父子之治は頑固者で通り、母は優しい働き者であった。

14歳で小学校を卒業した利吉は、父について農業を見習うことにした。夜明けとともに起き出して草を刈り、日没まで野良で働く百姓の仕事は、予想以上の重労働であったが、自分の創意で能率を上げることができ、作物も手をかけただけ収穫の喜びが感じられる農業という仕事が、次第に好きになっていった。

17歳の時、すっかり農民になりきっていた利吉は、この辺りでいう「ほまち畑」(注2)で、父とは別に、試験的にたばこの研究を始めた。香りのよいたばこは高く売れると聞いた利吉は、肥料に着目した。何度か試みた結果、たばこの肥料には蓬《よもぎ》と菖蒲《しょうぶ》を細かに刻んで堆積、発酵させ、草木灰《そうもくかい》を混ぜたものがよさそうだと思いつき、これを施したところ、大成功であった。研究に基づく肥培管理もよかったのであろう、大変良質の葉ができて父のたばこより高い値段で売れたという。これが近辺の評判となり、利吉は少年にしてたばこづくりの名人といわれるようになった。

注2
一家の所有とは別に、個人が所有する小規模の畑。

たばこづくりの改良に奔走

ほまち畑の成功で自信を得た利吉は、ますますたばこづくりに情熱を燃やした。その頃隣町の船引というところにたばこ輸出商をしていた助川良平という人がいた。助川氏は仕事柄たばこに関する知識がきわめて豊富であった。利吉は雨が降ると10㎞の山道を歩いて助川氏を訪ね、夜遅くまでたばこづくりの秘伝や農業一般について指導を受けた。良質のたばこは外国にまで輸出されると聞き、たばこが将来有望であることに確信を持った。各地で開かれる農事講習会にも積極的に参加して、植物学、土壌学、地質学、肥料学などを学び、その学理を自分の田畑で研究しながら、農業の基本を体得していったのである。

その後、推されてたばこ耕作組合の役員に就任するや、いよいよ彼の本領が発揮されるようになった。この地方のたばこ耕作法を改良するため、本場である神奈川県秦野市から有能なたばこ教師数名を招き、各町村に配属した。彼らがもたらした耕作法の改良とは、温床による育苗であった。温床とは、地上に枠をつくり、その中に木の葉を踏み込み、厩肥《きゅうひ》を乗せ、壌土で覆い、肥土をならして種子を蒔く。厩肥と木の葉の発酵熱で発芽や成長を促進させ、日中は寒冷紗《かんれいしゃ》（注３）で日光から幼苗を守り、夜は菰《こも》を被せて保温した。これにより苗は平均した背丈に育ち、根張りのよい丈夫な苗が育った。そのため、本圃《ほんぽ》への移植が20日以上も早まり、成長もよく、収穫期が１ヵ月近く短縮された。１０００㎡あたりの収穫量も４割方増加したという。

こうした栽培技術の改良は、耕作者の増大と収穫量の大幅な増加を促し、福島県を松川葉の一大主産地に押し上げた。ちなみに大越町の１９７５（昭和50）年度における実績は、耕作者５００名、作付面積２３０万㎡、収益は11億４４００万円に上った。これは、大越町農産物粗生産額の65％にあたる数字である。

村おこしに挺身

利吉が青年の頃、隣村の街道が改修され、それまで表街道として栄えてきた村の宿場町が衰退してしまった。そのうえ、１９０２（明治35）年の大暴風雨で、全壊家屋

注３
薄くて目が粗い麻布や綿布。

220棟、半壊480棟という大被害を被った。加えて1905（明治38）年の冷害は稲作収穫がゼロにも等しい凶作を招き、村民はたび重なる災害のため、やむなく土地を売り渡し、または質入れしなければならない状態に追い込まれた。こうした亡村の危機を乗り越えようとして立ち上がったのが、利吉を中心とする青年層であった。村おこしの一連の経過は次のようなものであった。

まず、「縄綯会《じょうとうかい》」を組織し、夜間に一定の時間を決めて縄を綯《な》い、共同売却して代金を積み立てる。次に、地区内の青年たちで「労働組合」を結成、共有地の原野を開墾して桑園を造成し、希望者に頒布した。特筆すべきは「共済組合」の活動である。1911（明治44）年、古内、曲田の2地区32戸が会員となり、10ヵ年計画で活動を開始した。目的は当時会員が抱えていた平均1000円を超える負債を整理することであった。午前4時（冬は5時）に観音堂の鐘の音を合図に起床し、計画に従って農作業を行い、夜は午後9時の鐘で就眠した。1日の労働時間は10時間、食事と休憩に6時間、睡眠8時間とし、週に半日の休みを取る以外に、年末年始やお盆、田植えの時期など年間65日を休日とした。何ごとも計画的に仕事をし、出入金を記帳してむだを省く。こうして10年を待たずして負債を完全に償還し、計画は大成功に終わった。組合解散にあたって建立した記念館は、今でも地区の集会所として利用されている。これは、我が国における村おこしの魁《さきがけ》として評価されるべきものであろう。この精神は、利吉がのちに組織した「大越信用購買販売利用組合」へと発展し、現在の農業協同組合の前身となった。

宗像利吉の信条

その後、利吉は福島県たばこ耕作組合連合会長、専売事業審議会委員、たばこ耕作組合の全国組織である中央会副会長として活躍する一方、郵便局長、運送会社社長、鉱山会社社長、新聞社取締役、など実業方面においても手腕を発揮して巨万の富を築いた。だが、決して奢ることなく、終生農民の自覚をもって身を処した。それは彼の「もんぺ姿」が如実に物語っている。利吉はもんぺ姿で県知事にも総理大臣にも会いに出かけた。そして臆することなく農民の心情を訴えた。

1952（昭和27）年、農事に尽くした功績により「紫綬褒章」が授与された。これを機に一切の公職から引退し、1958（昭和33）年に数え年で85歳の天寿をまっとうして他界した。のち、利吉を慕う農民によって銅像が立てられ、利吉は今も大越町の発展を静かに見守っている。

セメントの原石山に囲まれて一面にたばこ畑が広がる

第5章

共生する都市へ

本多静六
後藤新平
渋沢秀雄
関 一
ポール・ラッシュ
石川栄耀
井栗 登

文・渋谷克美　本多静六博士を記念する会事務局

都心に「明治神宮の森」を出現させた林学博士

本多静六

ほんだ・せいろく　１８６６～１９５２。ドイツ・ミュンヘン大学で財政学を学んで帰国。母校東京帝国大学の教壇に立ちながら、１８９９年に日本初の林学博士となる。国立公園・国定公園の創設に尽力する一方、明治神宮神苑や日比谷公園などを設計した。

空前絶後の大プロジェクト

若者たちで賑わうＪＲ原宿駅を後に、渋谷方面へ足を向けると、下を山手線が通る神宮橋に出る。神宮橋はその名のとおり明治神宮の玄関口である。橋を渡り右に進むと、目の前に神宮の森が広がる。広さ約70haの境内には、シイ、カシ、クスノキなど12万本を超える木々が茂り、１年中緑が絶えない。森の豊かさは、50種類もの野鳥が確認されていることからも容易にうかがえる。まさに大都会のオアシスである。しかしこの森が、今から約85年前に人の手によってつくられた人工の森であることはあまり知られていない。

明治天皇の崩御に伴い、政府は1913（大正2）年に神社奉祀調査会を発足し神社の建設地を決めるとともに、1915（大正4）年には明治神宮造営局を設置し、1920（大正9）年までの6年間継続事業として神社造営に取り組むことを決めた。しかし、造営当時の神社地は大部分が農地や草地で、林地は全体の5分の1ほどであった。神社にふさわしい荘厳、幽邃《ゆうすい》な雰囲気を醸し出すこと。そのためには、自然に近い状態の森、つまり自ら再生する「永遠の森」をつくることが究極の課題であった。

この空前絶後の大プロジェクトを敢行するため、当時最先端の技術者が集められた。東京帝国大学教授・林学博士川瀬善太郎《かわせぜんたろう》、同・農学博士原煕《ひろし》、造園家ドクトル本郷高徳、技師の上原敬二《うえはらけいじ》（のちの東京農業大学名誉教授）らであった。そしてこのプロジェクトの中心人物となったのが日本最初の林学博士の東京帝国大学教授本多静六（1866〜1952）、時に48歳であった。

本多静六（本多静六博士を記念する会提供）

日本最初の「林学博士」

本多静六は、1866（慶応2）年武蔵《むさし》国埼玉郡河原井《かわはらい》村（現・埼玉県菖蒲町）の折原家に生まれた。折原家は江戸時代から代々名主を務めた豪農であったが、静六が9歳の時に父が急死し、以来苦しい家計が続いた。そのため母や祖父は静六の学業には反対であったが、向学心の強い静六は、14歳の時「農繁期は家に帰り農作業を手伝う」という祖父との約束を条件に、兄の恩師を頼りに上京し勉学に励むことになった。

その後1884（明治17）年に東京山林学校に入学。入学時の成績は最下位であったが、その後の努力により卒業時には首席となっていた。その優秀な成績が養父となる本多晋の目に留まり、1889（明治22）年に本多家の婿養子となった。本多晋は、幕末、維新政府に対抗して結成された「彰義隊《しょうぎたい》」の隊長を務めた人物で、元一橋家の重臣であった。また、妻の詮子も日本で3番目の女医という才媛であった。

しかし、本多は最初から婿養子を快諾したわけではなかった。「ドイツへ私費留学させてくれるのであれば」というのが条件であった。当時日本は、先進国ドイツの林学を取り入れ、特に優秀な者は国費により留学させていたが、その枠はきわめて狭く容易でなかった。本多にとって「ドイツ留学」はまさに夢のまた夢であった。そこで、ドイツ留学を結婚を断る方便に使ったわけだが、思いもよらず聞き届けられ、婿養子となることが決まったのである。

かくして1890（明治23）年3月、本多は帝国大学農科大学（農学部）を卒業と同時に念願のドイツ留学へと旅立った。この時の模様は「洋行日記」に詳しく残されているが、結局本多は2年間の留学の末、ミュンヘン大学でドクトルエコノミー（財政学博士）の学位を取得して帰国した。帰国後は母校の助教授となり、日本の林学発展に力を注いだ。そして1899（明治32）年、論文「日本森林植物帯論」により日本で最初の林学博士の学位を取得。翌年には教授に昇任し、名実ともに日本林学界の第一人者として、日本林学の基礎を築き、造園学、都市計画、観光開発、公園設計など幅広い分野にわたって活躍した。

先見の明を持った植栽計画

明治神宮の森の植栽計画では、50年後、１００年後、１５０年後の変化の道程を念頭に置いた３段階の予想林相図をつくり、１００年前後で自然林になるという壮大な計画をつくり上げた。しかし、そこに思わぬ横槍が入った。それは時の内閣総理大臣大隈重信《おおくましげのぶ》からのものだった。「神宮の森は当然杉林にするべきだ」というのが、大隈の主張であり、命令にも等しいものだった。しかし、林学関係者にとって、代々木の土地は杉に適さないことは周知のことであり、その旨を説明したが大隈はがんとして聞き入れなかった。

そこで、本多は代々木にある何本かの杉を伐採し、樹齢、樹高、直径などを数値化し、杉の栽培に適した土地のものと比較することにより、いかに代々木の地が杉に適さないかを証明し、大隈を納得させた。こうして明治神宮の森は、本多らの強い信念と科学的な証明により、シイ、カシ、クスノキなど土地に適した常緑広葉樹を中心とした森とすることが決まった。その後境内林は、全国からの９万５０００本余りにも及ぶ献木と青年団らの地道な奉仕作業により着々と造成が進められ、明治神宮は１９２０（大正９）年11月１日に竣工を迎えることができた。

深い森が広がる明治神宮。参道にも両側から木の枝が張り出す（毎日新聞社提供）

まちづくりと人づくり本多流処世術

本多は専門の造林・造園学、森林美学を応用し積極的にまちづくりに貢献した。水源林の保護改良、セメント・電力産業などへの学術的支援、都市計画、鉄道防雪林、国立公園の設置、全国各地の公園設計、観光開発など、実に多岐に及んでいる。あれだけの大災害をもたらした阪神大震災でさえも、本多が六甲山に植林を行っていなかったら、もっと大きな被害を出したといわれている。

全国各地に設計した大小数百の公園のなかでも、有名なのが東京の日比谷公園である。日比谷公園は本多が1901(明治34)年に初めて設計(開園は1903年)した日本初の洋式公園で、園内にある「首かけイチョウ」とともに広く知られる。

一方本多はその生活信条として、少年時代の貧乏生活とドイツ留学の体験から、何よりも経済的に自立することを強く意識していた。帰国後、26歳の時から始めた「4分の1天引き貯金」により、39歳の時にはすでに預金利子が本給を上まわるようになったという。本多は、こうして蓄えたお金を、さらに株や山林に積極的に投資することにより、多額の資産を築くことに成功した。

しかし、「資産は道楽の『カス』であるから、必要以上に『カス』を貯め過ぎると身に害を及ぼす」とし、そのほとんどを公共のために寄付した。現在、埼玉県で実施している「本多静六博士奨学金制度」は、1930(昭和5)年に本多が育英基金の設置を条件に、約2700haの山林を県に寄付したことに始まるもので、これまで1400名を超える学生がこの制度の恩恵を受けている。

人々の憩いの場となっている日比谷公園

生涯現役を標榜した本多は、60歳で東京帝国大学を退官してから85歳でその生涯を閉じるまで、主に政府機関、外郭団体の役員として社会奉仕を続ける。専門分野については後進に道を譲り、自らは人生、幸福、成功といった人生哲学に傾注するようになっていく。モットーは「人生即努力、努力即幸福」。自らの経験を基に「処世の秘訣」「成功の秘訣」「健康の秘訣」などを著し多くのファンを獲得した。さらにラジオ・新聞では人生相談にあたるなど、まさに一時代のオピニオンリーダーとして活躍した。300冊を超える著書の一部（三笠書房『自分を生かす人生』、日本経営合理化協会出版局『人生と財産―私の財産告白』）は現在でも再版され、多くの読者を魅了している。

本多静六の生まれ郷里である菖蒲町ではその偉業をたたえ、1992（平成4）年に名誉町民の称号を贈るとともに、町民有志による顕彰事業が始まって久しい。機関紙「本多静六通信」は現在第15号を数えている。菖蒲町では、昔から本多のことを「センセイ」「ハクシ」とは呼ばずに「ハカセ」と呼んでいる。「ハカセ」とは「なんでも知っている偉い人」という意味があり、当時はどのくらい偉い人なのか想像もつかなかったので「ハカセ」と呼んでいたという。地元では今でも「ホンダハカセ」である。

文・郷仙太郎　作家、明治大学公共政策大学院教授（本名　青山佾《やすし》）

縦割り行政を打ち破った近代都市東京の建設者

後藤新平

ごとう・しんぺい　1857～1929。寺内正毅内閣の内務大臣時代に都市研究会を創設し、1919年に都市計画法を制定。1920年に東京市長に就任すると「東京市政要項（8億円プラン）」を提示し、この実績から関東大震災後に再度東京市長となり復興を指導した。

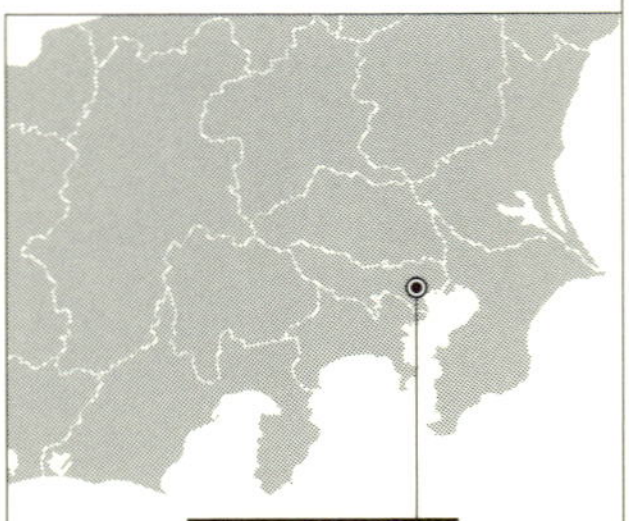

伏魔殿・東京市役所に乗り込む

1920（大正9）年12月7日の東京は朝から1日中、雪が降りしきっていた。しかし東京市会では激しい議論が行われており、雪をも溶かす熱い空気が漲《みなぎ》っていた。「国務大臣を何度も務め現に有力な首相候補者である後藤新平氏が今さら市長になるか」「だからこそまず選任して200万東京市民の後藤市長実現への熱意を示すべきだ」

市会議事堂内は断続的に開かれる市長選考委員会、各派の会議、そしてそれぞれのグループによる情報交換のための立ち話などが入り交じって騒然とした雰囲気だった。

当時、市長は市民による直接選挙でなく市会が選任する制度になっていた。あいつぐ汚職事件によって市会議員ら二十数人が検事局に拘引され、すでに市長と3人の助役、そして市会議長も責任をとって辞職し、市政は壊滅状態になっていた。

夜も更け、市会議員の議論のエネルギーも尽きた頃ようやく投票が行われた。結果は、有効投票数64のうち、新平を市長に推す者63だった。さっそく市会議員のうち有力者3人が後藤新平のところに使者として派遣された。

説得は長時間に及んだ。

後藤新平の側近たちは「伏魔殿《ふくまでん》東京市役所に入って行く者は多く見たが、無事に出てきた者は見たことがない。市長になれば首相になる芽を摘み取ってしまう」と反対した。

しかし後藤新平は、「問題は東京市の自治が危機に瀕しているということだ。俺だって、一生に一度くらいは国家のために貧乏くじを引く気持ちはある」と考えた。時の首相・原敬《はらたかし》の説得などもあり結局東京市長就任を承諾した。

後藤新平（読売新聞社提供）

抵抗を排して行政改革を断行

12月19日、後藤新平は東京市役所に初登庁した。満63歳の時である。

後藤新平はまず、人事を一新した。

従来は、有力市会議員とつながっていなければ立身はおろか、現在の地位さえ保てないという陰湿な吏員気質が漂っていた。しかし人事一新が、縁故・派閥主義から能力主義への転換がなされる契機となった。

さらに後藤新平は、「市役所内の水道課と下水課と道路課の間で地下埋設物について設計上の交渉がない」「電気、電話、ガスなど関連事業との連絡がない」「区役所と市役所の連絡も悪い」「監督官庁も仕事の邪魔ばかりしている」と指摘して、「各課それぞれ一王国となっていて連絡が悪い状態を改めるため、新たに調査課を設置する。調査課は市政の根本計画および市政の大綱を調査策定する」と宣言した。

縦割り行政に慣れている市役所各課はこの方針に反対し、市会議員に訴えて妨害活動を行ったりしたが、後藤新平は改革を断行して市長のリーダーシップを確立した。

この調査課の思想は、現在に至るまで東京都の政策形成機能に脈々と受け継がれている。

東京大改造プラン

東京市政を刷新したうえで後藤新平は、東京大改造プランをぶち上げた。

その内容は、都市計画道路の新設・拡幅、街路の本格舗装、上下水道の拡張、電気ガス事業の改善、港湾・河川の改修、大小の公園・広場の設置など多岐にわたっていた。

当時の東京市は、雨の日には道路がぬかるみ、晴れの日には土ぼこりで目を開けていられないほどだった。下水には汚水がたまり、水道は夏になると断水でごみがたまるし、し尿処理もうまくいってなかった。後藤新平は東京を世界に誇る近代都市に生まれ変わらせることが急務だと考えたのである。

総経費が８億円を超えることから世間はこれを「８億円プラン」と呼んだ。東京市の予算が1億３０００万円程度の時代だから、こういう壮大な計画をつくる後藤新平のことを「大風呂敷」と非難する者もいた。

折り悪しく、後藤新平に対する協力を約束していた原敬首相も財界の巨頭安田善次《ぜんじ》郎《ろう》も凶刃に倒れ、この計画はすぐには実現しなかった。後藤新平自身もかつての外務大臣時代からの縁でソ連との外交交渉に忙殺され、東京市長は在任２年余りで辞職することになった。

関東大震災復興計画を実現

そして後藤新平は、新たに編成される山本権兵衛《ごんのひょうえ》の内閣に外務大臣として入閣するつもりでいた。

ところがその時、関東大震災が発生した。１９２３（大正12）年９月１日午前11時58分のことである。ぐらぐらっというよりどしんどしんと揺れた。

後藤新平は麻布の自宅にいて、大勢の関係者や新聞記者に囲まれていた。

「これは大きいぞ」

皆が浮き足立った。その後、時間が経つにつれて「大きいぞ」どころの話ではないことが徐々にわかってきた。東京や横浜のあちこちから火の手が上がり、夜を徹して燃え盛った。

東京市内の１３４ヵ所から出火したが、そのうち77ヵ所は消火できず、延々と燃え広がった。本所の被服廠《ひふくしょう》跡では大きな荷物を抱えて避難した人々の荷物に火が燃え移って大勢の人が死んだ。

一夜明けると東京は一面の焼け野原と化している。

後藤新平は決めた。

「事ここに至っては、今までの行きがかりはすべて捨てよう。外務大臣だろうが内務大臣だろうが、無条件で入閣するほかはない」

９月２日の朝、山本の自宅を訪ねた。

「互いに責任は重大だ。この期に及んでとやかくいうつもりはない。速やかに組閣したらどうか」

親任式は赤坂離宮の茶屋で蝋燭《ろうそく》の明かりのもとで行われた。まだ東京は燃えており、逃げまどう人々がいるなかでの悲壮感漂う式だった。

後藤新平は内務大臣に就任し、直ちに、①遷都はしない②復興費は30億円③最新の都市計画を採用して、我が国に相応《ふさわ》しい新都を建設する——と提案した。

「本所・深川・浅草・日本橋・京橋と全面的に焼けたなかで、石川島・佃島、浅草寺、神田などはなぜ焼け残ったのか。一つは水路、二つは広場、三つは耐火建築だ。

隅田川の夕闇に浮かぶ永代橋

関東大震災後に「東京復興公園」として整備された隅田公園

さらに、焼けなかった地域の境界を見よ。上野公園、日比谷公園、日枝《ひえ》神社、東京駅、芝公園、そして道路ではないか。公園と道路、そして立派な橋をつくらなければだめだ」

そう主張した。

復興計画は官僚や地主の反対によって後退の一途をたどっていった。後藤新平は無念ではあったが、それでも区画整理と道路計画をたとえ一歩でも前進させ橋梁や公園を後世に残したことは成果だと思っていた。

現にこの後、東京では1930（昭和5）年までに3000ha以上の区画整理が実施され、昭和通り、日比谷通り、晴海通りなど主要な幹線道路が整備された。また、公園も、隅田公園、錦糸公園、浜町公園の3ヵ所が国施工の東京復興公園として整備された。「隅田川を橋の博物館にしろ」といっていくつもの名橋も残した。安田善次郎の遺言に従った遺族の寄付によって、日比谷公会堂と東京市政調査会もできた。

都心に近い東京市東部の大部分が消失したため、復興を待ちきれずこの間、東京の人口は一挙に郊外化し、1932（昭和7）年大東京35区の成立に至る。すなわち後藤新平の「8億円プラン」と「復興計画」は、都市としての東京が江戸から東京に本格的に変貌する契機となったのである。

都市と田園を結合させた「田園調布」のデザイナー

渋沢秀雄

しぶさわ・ひでお　１８９２～１９８４。実業界の大立者である渋沢栄一の四男。父の設立した田園都市株式会社の取締役として欧米の田園都市を視察・研究。東京・田園調布を高級住宅地として開発した。

田園都市造成の準備なる

東京都の南西部、なだらかな台地の上に位置する田園調布《でんえんちょうふ》のまちは、日本を代表する高級住宅地として知られ、東急東横線田園調布駅舎を中心に広がるまちなみは、現在でも閑静な佇まいを残している。

この田園調布の開発は、１９１８（大正７）年９月２日に創立された田園都市株式会社が行った。会社発足の中心人物は、日本の資本主義の生みの親といわれる渋沢栄《えい》一《いち》。彼の目的は、東京がものすごい勢いで膨張していくのを見て、息が詰まるような都会生活を余儀なくされている中流階級の人たちのために、空気が澄んだ郊外に、諸般の設備が整った、日常生活のうえでも便利な田園都市をつくることであった。

栄一は、1840（天保11）年、武蔵《むさし》国血洗島《ちあらいじま》村（現・埼玉県深谷市）に生まれ、徳川幕府に仕え、明治維新後は大蔵省に出仕する。辞職後は、日本最初の銀行である第一国立銀行を設立。また、製紙・紡績・保険など数百の会社設立に関与した実業家である。経営者としての彼は、経営者が私益のために何をしてもいいわけではない、営利活動には倫理の大枠が必要であると説いて、生涯にわたってこの理念を貫き通した。

実業家の栄一は、その一生の大半を東京のまちづくりに費やしてもいた。例えば、1870（明治3）年の「兜町ビジネス街計画」を皮切りに、「銀座煉瓦街計画」、「市区改正計画」、「東京築港計画」、そして1916（大正5）年に実業界を引退し、晩年に取り組んだ「田園都市計画」などである。

田園都市計画実現のために、栄一たちによってつくられた会社が田園都市株式会社である。社は開発予定地を、会社設立の中心メンバーの一人畑弥右衛門が住む一帯の洗足《せんぞく》、大岡山、多摩川台（現・田園調布）とした。そして1921（大正10）年には、地元の大地主の協力なども得て、ほとんどの用地買収を終える。開発予定地は、当時郊外であったため、宅地造成に伴って鉄道敷設をセットにすることとした。

そうして渋沢栄一は、経済的な支援を第一生命社長矢野恒太《つねた》に依頼した。矢野は筆頭株主となり、すでに関西の宝塚で郊外住宅地を開発した箕面《みのお》有馬電気軌道（現・阪急電鉄）の小林一三《いちぞう》に会社経営の指南役を一任する。

そして、渋沢栄一の息子秀雄が、田園調布の開発コンセプトとランドスケープデザ

渋沢栄一、70歳の頃の写真（渋沢史料館提供）

インを行うことになるのである。

偉大な父を持ったゆえ

渋沢秀雄は、１８９２（明治25）年10月5日、東京・日本橋兜町で、父栄一、母兼子の子として生まれた。幼い頃の秀雄は、６歳上の兄武之助や4歳上の兄正雄のように気が強くなく、姉の愛子とままごとをすることの多い優しい少年だった。

秀雄少年の、父栄一に対する最初の記憶は、４歳の頃になる。56歳だった父は迫力と活気にあふれていて、来客者か秘書と用談しながら玄関に出てきた。そして出勤を見送っていた秀雄を両手で抱えて目の上まで高く差し上げ、「そうりゃ、そりゃ。重くなったぞよ」といって、下ろした秀雄の頭をなでて出かけていったという。家族を大切にした好々爺たる栄一らしい話だ。

渋沢秀雄（渋沢史料館提供）

１９０１（明治34）年5月、渋沢一家は、それまで別荘だった飛鳥山《あすかやま》邸（現・北区飛鳥山公園）へ引っ越した。新築された家屋は５７０余坪、庭園は９０００坪ほど。秀雄は、ここから神田神保町すぐそばの小学校まで、３〜４年生の時は人力車で、５〜６年生の時には汽車と徒歩で通った。往復16km

近くの距離があった。

中学生になった秀雄は、お茶の水橋のそばにある東京高等師範学校付属中学校に徒歩で通う。飛鳥山の自宅から往復約12㎞の道のりだ。後年秀雄は、「二頭立ての馬車に乗りあるく、人なみはずれの父を持った子の逆作用的虚栄心」が「中学生の私を、毎日十一キロ余も歩かせた」と述懐する（日本経済新聞社『私の履歴書』）。

秀雄が中学5年の時、父から「何かをもっとシッカリやれ」といわれ、「シッカリやったところで先は知れている」と返事をし、父に「お前には自ら画する悪い性癖がある。自分で自分に見切りをつけるようでは何事もできないぞ。その欠点は改めなければいかんよ」と諭されたことがある。秀雄は道徳経済合一論の実践者としての父を尊敬していたゆえ、この言葉はのちのちまで心に残った。

その後、秀雄は一高へ進み、2年間の楽しい寮生活を過ごした。1913（大正2）年、東京帝国大学（現・東京大学）法科に入学をし、4年後に大学を卒業して、日本興業銀行に就職する。しかし、中耳炎にかかって、1年半ほどで退社した。入行半年目に、銀行内の廊下に遅刻番付けが張り出されたことがあり、秀雄は半期で7回の行内で1、2を争う遅刻魔だったそうだ。

田園調布の分譲始まる

銀行辞職後、秀雄は父栄一に頼み、田園都市株式会社の取締役となる。そこで欧米の郊外住宅地や衛星都市、田園都市についての勉強を始め、イギリス人エベニーザー・ハワードがロンドンの北に田園都市レッチワースを建設中であることを知った。

　１９１９（大正８）年８月から翌年５月まで、秀雄は自費で欧米11ヵ国を旅行した。イギリスではレッチワースを訪れるが、まちの面積が広い割には家の数が少なく、うら寂しい気がしてそこを立ち去っている。洋行中に彼は欧米各地の住宅地の図面を集め、多摩川台地区（田園調布）のアーバンデザインは、パリのエトワール広場とサンフランシスコ郊外の住宅地セント・フランシス・ウッドを参考にした。

　田園都市株式会社の分譲地第１号は１９２２（大正11）年６月の洗足地区、そして会社が総力を挙げた分譲２号地が田園調布だった。秀雄は分譲地ならびに駅舎の設計を、友人の若い建築家矢部金太郎に依頼し、翌年８月、第１回分譲が開始された。その際、中流階級の人たちが購入しやすいようにと、最長10年間の土地代金の月賦販売や建築資金の低利融資を行った。さらに住環境保全のため、全分譲地に対して土地譲渡の契約の折りに、土地利用の遵守、資産保有の禁止、近隣公害の防止、敷地分割規制などの建築規則条件を付加した。

　また別に、他人の迷惑となるような建物を建てない、障壁（塀）を設ける場合にはすっきりとして上品なものにする、建物は３階以下とする、建築敷地は宅地の５割以内とする、建築線と道路との間隔は道路幅員の２分の１以上とする、住宅の工費は坪当たり１２０〜１３０円以上とする、といった紳士協定を定めている。併せて地区内に小学校や野球グランド、テニスコートや店舗用地などの整備も行っている。

１９２６年５月３日現在の「多摩川台住宅地平面図」（渋沢史料館提供）

往時の姿をとどめるまち

田園調布を売り出した翌9月、関東大震災が起こった。郊外の田園都市はほとんど被害を受けなかったため、事務所は都心に、住居は郊外にという気運が高まったのである。

秀雄は震災時、品川・御殿山に居を構えていた。友人に田園調布の長所を並べるが、なぜ自分が住まないのかと反問され、自ら地所を購入し家を建てる。この家を宣伝に利用しようと思案した結果、「電気ホーム」と銘打って、照明器具や電熱器、湿潤器や幼稚ながらも洗濯機までも並べて20日間ほど無料公開をし、成功を収めた。

この田園調布は、1935（昭和10）年までに10回に分けて売り出され、不況下にあっても順調な売れ行きを見せ、総面積20万坪が分譲されたのである。

秀雄はかつて田園調布の分譲地購買者について、西洋生活の経験者が多く、左右が塀でふさがれたまちを嫌い、広々としたままにしておきたいという人が多かった、と語っている。そのように当初に住んだ人々がジェントルマンシップを身につけていたことも、まちなみ形成の大きな要因であった。

そうして、戦後の高度経済成長期やバブル期を経ても、田園調布のまちは秀雄の基本コンセプトの姿を残している。

＊

1978（昭和53）年12月、大平正芳《おおひらまさよし》内閣が誕生し、その政策目標に、都市の活力

田園調布に建てられた秀雄の自宅。この家を「電気ホーム」として無料公開した（東京急行電鉄提供）

と田園のゆとりの結合を目指す「田園都市国家構想の推進」を掲げた。これこそ、渋沢栄一・秀雄父子が大正期につくり上げた田園都市に、先見の明があったことの証明であるといえよう。

秀雄は戦後、随筆家として余生を送り、１９８４（昭和59）年、享年91で永眠する。

飛鳥山の建物は大部分が空襲で焼失したが、1925年竣工の「青淵文庫」はその姿を現在に残し、東京都の「歴史的建造物」に指定されている（渋沢史料館提供）

主な参考文献
『東京の都市計画』（越沢明著／岩波新書）『都市のプランナーたち』（「東京人」編集室編／都市出版）『郊外住宅地の系譜』（山口廣編／鹿島出版会）

理想の都市像を追い続けた近代大阪のプロデューサー

関　一

せき・はじめ　１８７３〜１９３５。東京高等商業学校（現・一橋大学）教授を経て、１９１４年から大阪市助役。１９２３年に大阪市長となると、御堂筋をはじめとした道路や港湾、地下鉄、上水道を整備するなど、大阪市の近代化に尽くした。

大阪城を建て直した男

大阪城を建てた人物を問われれば、「豊臣秀吉」と答えるのが普通だ。しかし、大阪の人なら「関さんやろ」と答えるかもしれない。

大阪城は「大坂の役」で焼失後、いったん再建されたが江戸期に再び焼失し、石垣だけが残される。明治・大正時代には陸軍管轄下に置かれ、以後、軍事施設となっていた。

昭和《しょうわ》天皇の即位式が行われた１９２８（昭和３）年、時の大阪市長が祝賀記念行事にあたり、大阪城周辺を都市公園として整備し、天守閣を復興する計画を発表する。

不況で市財政は困難な状況にあり、工事の費用は市民の寄付を募った。その結果、わずか半年で7万8000件もの寄付が集まり、1930（昭和5）年5月から工事がスタート、1年半で竣工する。

完成した3代目大阪城天守閣は今なお大阪のシンボルとして名高い。この世紀の築城劇を牽引したのが〈関さん〉こと関一である。

実を結んだ父の遺言

一は、1873（明治6）年に静岡県の伊豆に生まれた。幼少時に家族とともに東京へ移るが、18歳の時に父が病没した。この時「一の教育に特に注意せよ」との遺言を受けた母の苦心に助けられながら、一は高等商業学校（現・一橋大学）へ進学する。

卒業後、大蔵省（現・財務省）に勤めるが1年で辞め、1894（明治27）年から兵庫、新潟の商業学校の教壇を渡り歩いた。その後、母校高等商業学校の教授に招かれ、教授仲間とともに3年間のベルギー留学にも行っている。

関一

大学では鉄道論、商・工業政策、社会政策を講義した。当時の生徒の談話によれば、一は空理空論を排する実学主義者で、師弟が膝を交えて語るゼミを尊重する実直な教授だったという。

この頃、一は数多くの著書論文を執筆している。その内容は商業・工業など経済政策をはじめ、労働者法、交通政策と幅広い。真摯な学究活動は周囲からも注目され、1910（明治43）年、法学博士の学位を受けた。

大都市の行政官になる

東京・京都・大阪を指す「三都」という呼称がある。これは「天下の台所」として名を馳せた大商都大阪の経済力が衰え、古都京都と、江戸から改称した新興著しい東京の力が対等となったことを意味していたという。

江戸時代に大阪の経済力を支えたのはまちを縦横に流れる川――水運であった。しかし、明治の近代化で荷馬車・自動車などが登場し、市電や郊外鉄道ができると、交通の要は陸運へと移る。大正初期の大阪は陸路の整備に立ち遅れ、政治のみならず経済においても東京の後塵を拝していた。

この大阪の近代化を担う人物として白羽の矢を立てられたのが学者関一だった。時の大阪市長・池上《いけがみ》四郎《しろう》による助役（いわゆる副市長）就任の懇請に、一は応じた。

当時、一の大学は専攻部の廃止をめぐって紛糾の事態にあり、一は心機一転を図りたがっていたという。また、実学を重んじる学者であれば、行政官への転身は志を違えるものでもなかったのだろう。財界の元老渋沢栄一《しぶさわえいいち》をはじめ多くの名士が東京慰留を説得するが、決心は変わらなかった。

大阪商科大学（現・大阪市立大学）は、全国初の市立大学として創設された

1914（大正3）年7月30日、一は列車で東京を出発し、翌日、新天地に降り立った。

東京育ちの大阪市長登場

助役就任初期、一は市政の理解と研究に没頭する。そして、市立工業研究所（現存）、刀根山《とねやま》療養所（現・国立療養所刀根山病院）の設立をはじめ、都市問題として浮上していた交通インフラの整備、失業、住宅、衛生などの問題解決に取り組み始めたのである。

一は池上に献策して市長直属の労働調査係（のちに社会部調査課に改称）を設け、さまざまな現状調査を行った。一の都市対策は、まず綿密な調査研究があり、次いでこまやかな企画があり、しかるのち断固たる施策の実行に移る、という手法をとる。主な業績は以下のとおりである。1918（大正7）年4月、市内4ヵ所に市設小売市場開設。同年9月、市内2ヵ所に簡易食堂設置。翌年2月、職業紹介所設置。同年6月、市営住宅・共同浴場、市内3ヵ所に共同宿泊所を建設。1920（大正9）年4月、市経営の産院が開院。翌年6月、市立市民館、市立図書館開館。

当時、住宅組合法、職業紹介法、少年救護法などさまざまな法律が公布されたが、いずれもこれらの施設を参考に制定されたという。

1923（大正12）年、池上は活躍めざましい一に後を託して市長職を辞した。同年11月30日付で一は第7代大阪市長に就任。ここに東京育ち・学者出身の大阪市長が誕生した。時に一、51歳。

〈住み心地よき都市〉の創造を目指して

一が助役を務めた時代、大阪市は第一次世界大戦の特需や関東大震災による東京経済の失速を経て、「日本の心臓」「東洋のマンチェスター」と呼ばれるまでに発展する。しかしこの急造的な都市・大阪を冷静に見ていたのが、ほかならぬのちの市長・一であった。一は行政官として働く一方で、著書・論文を多数発表した。そのうちの一つ「住宅問題と都市計画」のなかに、次のような一文がある。

「(都市は)全く無秩序無方針に膨張して、今やその弊に耐へ難い程度に達している」。そして、これを改善するには計画的な都市建設がカギであり、その目的は〈住み心地よき都市〉を創造することである、と記した。実際、助役時代から市長時代に至るまで、一が一貫して推し進めたのは大阪の都市計画事業であった。

1917(大正6)年4月、大阪市に都市改良調査会が設けられ、翌年6月に東京発展の礎となった「東京市区改正条例」が大阪に準用されることが決まると、「大阪市区改正設計」が策定された。1919(大正8)年に都市計画法・市街地建築物法が公布されると、いよいよ「第一次大阪都市計画事業」がスタートする。

一は都心部への人口過密を避けることが市内外、ひいては日本社会の発展につながると考え、その緩和策を計画の根底にすえた。実際には、市域を拡大して郊外に住宅地を建設し、高速道路と鉄道で都心と結びつけ、人口の分散を図る。都市部には緑地

完成直後の1937年、長堀通以北の御堂筋（毎日新聞社提供）

を確保し、一般住民の住環境をよくする。土地の用途を住宅・商業・工業・未指定の４地区に分類する――など、きめこまかい政策が実行された。

一は自分の都市計画を、「英国流の家庭を本位とした分散主義の都市建設」と位置づけていたという。

大阪の大動脈・御堂筋誕生

多彩な公共事業・社会事業も、一の構想する〈住み心地よき都市〉の一環を担うものだが、彼の最大の業績は、市内を南北に貫く「御堂筋《みどうすじ》」の敷設であろう。

旧御堂筋は、小売り店が軒を並べる距離約１・３㎞、幅約５・４ｍの細道であった。一は、これを距離約７・５㎞、幅約43・６ｍに拡張し、さらにその下に地下鉄を走らせる計画を発表した。梅田と難波という大阪の主要ターミナルを、一本に結んでしまうのだ。用地買収面積は10万８０００㎡、地主数４８４人、居住者は１１８５人に及んだ。市民は「飛行場でもつくる気か!?」と肝をつぶしたという。さらに、この御堂筋は新設道路の両側63ｍ以内の土地所有者から「受益者負担金」を取っていた。幹線道路と地下鉄によって生活は便利になって地価も上がる、というのが徴収の理由である。当然反対は熾烈を極め、着工されてからも抵抗勢力の動きは続いた。

しかし、着工から11年を経た１９３７（昭和12）年、御堂筋は完成した。両側の建物の高さが揃えられ、日本に例のないモダンで美しい街路であった。その後60年以上を経た今でも、御堂筋は大阪を象徴するメインストリートであり、市の大動脈として

伏見町以北の御堂筋

重要な幹線道路であり続けている。

死ぬまで大阪市長

1935(昭和10)年1月26日、一は御堂筋の完成を見ることなく腸チフスで急逝した。最後を看取った主治医が聞いた、死の床での一のうわ言が伝わっている。

「以上ご説明申し上げましたように、これらの事業の遂行には三千数百万円を要しますので……」

関係省庁次官に対する、風水害対策予算の説明である。一は、最期まで大阪市の未来を案じ、理想の都市像を追い続けていた。

翌日、大阪市会は一の市葬開催を決定した。2月1日の市葬当日には、実に8万人(推算)もの一般市民が参列したという。

主な参考文献
『関市長小伝』(故大阪市長関一博士遺徳顕彰委員会)『関一日記』(関一研究会編/東京大学出版会)『都市の近代・大阪の20世紀』(芝村篤樹著/思想閣出版)

清里を酪農王国にした「豊かなアメリカ」の伝道者

ポール・ラッシュ

１８９７〜１９７９。１９２５年、関東大震災で倒壊したＹＭＣＡ会館復興のために来日し、立教大学の教育宣教師となる。戦後、山梨県の清里に高冷地実験農場を主体とした農村モデルをつくった。アメリカン・フットボールの紹介者としても知られる。

酪農は清里に学べ

かつて山梨県の清里《きよさと》で実験が行われていた。それは稲が育たない高冷地の寒村で、日本の農業の方向性を示すモデルコミュニティをつくること。敗戦に疲弊した日本にあって、清里は酪農、獣医学の最先端の地であった。昭和30年代には「酪農は清里に学べ」のスローガンも生まれ、現在の酪農地の多くがその技術を清里に学んだのであった。

開拓地、清里。その生みの親こそ、アメリカ人ポール・ラッシュである。若かりし時、世界一のホテルマンになることを夢見た一米国青年が、いかに清里の地にたどり着いたのか――。

宣教師なんて柄じゃない

ポール・ラッシュは1897年、アメリカ・インディアナ州生まれ。生後間もなくケンタッキー州に移る。宗派はキリスト教の米国聖公会。中学卒業後、商業学校などで学んだ。

その後、ホテルで働いていたラッシュのもとへ、日本行きの話が持ち上がった。関東大震災（1923年）で倒壊した東京と横浜のYMCA会館再建のためである。特に日本に関心があったわけではなく、ただ異国への冒険の旅に出たかったと手記に書いている。

ポール・ラッシュ（KEEP協会提供）

日本に着いたラッシュは、人なつっこい性格から友人も多くできた。また、高級品であった自動車を所有し、酒も、タバコも好きで、YMCAの禁欲的な雰囲気は苦手だった。

YMCA会館再建後は、米国聖公会が設立した東京・池袋の立教大学から、商業や英語を教える教育宣教師として誘われた。ラッシュは宣教師など柄ではないと固辞したものの、最終的に了承。

20代後半のラッシュの講義は、天気がよいと外に出て芝生の上に座ったり、お茶を飲みながらの自由なもので、休みには学生を連れてカフェやダンスホールへよく行った。また、貧しい学生の生活を私費でみるなど、面倒見がよかった。この教え子たちのグループから、やがて清里開拓の母体が生まれていく。現在もホテルとして営業する清里の清泉寮《せいせんりょう》は、この時学生宿泊施設としてラッシュが建てたものである。

最善を尽くせ、一流であれ

ラッシュが変わっていったのは、東京・築地の聖路加《せいろか》病院院長ルドルフ・トイスラーの強い影響からであった。トイスラーは熱心なキリスト教徒であり、宗派は米国聖公会。1900（明治33）年、医療ミッションとして日本に派遣されて以来、築地のバラック小屋で貧しい人々の診療を始め、震災で倒壊した聖路加病院を再建、今日まで続く病院をつくり上げた。

ラッシュはトイスラーに請われ、震災後の病院再建の資金を集めるために米国全土を奔走することになる。折りしも米国では日本の大陸進出などで反日感情が高まりつつあったが、資金集めは二人の努力により成果を上げた。

トイスラーは米国各地をまわり、有力者に病院再建のプランを示した。単に同情を誘うのではなく、ビジョンを示し、共感を得る。のちに、清里でラッシュもこの手法を使うことになる。

また、この時石油ビジネスで巨万の富を築いた米国の富豪ロックフェラー2世などの知遇を得た。ロックフェラー財団は、戦後もラッシュの事業に多大な援助をしている。

成功した者こそ、社会に富を還元するべきだというアメリカ人の精神風土。これなくして、病院の再建も、のちのラッシュの事業も、成功はしなかったであろう。

そしてこの間、ラッシュは精神的な面でトイスラーに大きく感化されていく。ラッシュが生涯唱え続けた「Do your best, and it must be first class.」（最善を尽くせ、しかも一流であれ）という言葉は、トイスラーの考えであった。それは、神の名において行為を行うなら、持てる力を出し切らないのは神を汚すことであり、また、その行為が一流でなければ人々の模範となり、導くことができないというものだ。

「この神に祝福された地・アメリカで我々が開発した近代経済、近代政治、近代生活のすべてを福音として伝えてあげよう」とラッシュはいう。ラッシュたちの行いは、キリスト教がもたらした豊かなアメリカ社会、そこで生まれた近代文明を伝えること。両者が幸福な結びつきをした時代のアメリカ人の確信だったのだろう。

民主主義による日本の復興

１９４１（昭和16）年、多くの外国人が日本を離れるなかで、なおとどまっていたラッシュは、日米開戦直後、敵国人として逮捕抑留、翌年には強制送還となった。アメリカでは、日本での経験を買われ、国防総省の要請でミネソタ州に開校したアメリカ陸軍情報部日本語学校（注1）教官の職に就く。

建てられた頃の聖アンデレ協会（KEEP協会提供）

注1
日本軍の情報を集めるために日系人兵士などに日本語を教えた機関。

終戦後は連合国最高司令官総司令部（ＧＨＱ）に配属され東京に赴任。最高司令官のマッカーサー自身、熱心なキリスト教徒であり、日本の復興はキリスト教と、その教えがもたらした偉大な文明であるアメリカの民主主義によってなされるだろうと考えていた。それはラッシュが訴えていたことと一致していた。マッカーサーは、民主主義の実験として、のちの清里でのラッシュの事業に強い関心を抱いていた。

高冷地の山村こそ日本の希望

日本復興という大きく漠然としたテーマに具体的なビジョンが与えられたのは、日本聖公会主教の佐々木鎮次《しんじ》の言葉からだった。「清泉寮を農村伝道の拠点に――」。日本聖公会は平和日本建設のため、農村への伝道モデルの建設を提案したのだった。

敗戦間もない日本には失業者があふれ、その対策として就農は大きな課題であった。当時、日本の未開墾地の８割が高冷地であったことを考えれば、標高１０００ｍを超える清里での開拓は日本の農業の可能性を示すことにもなる。

ラッシュは清里の人々を招いて、次のようなビジョンを示した。

①清里を日本の農村モデルとする。
②新しい農産物を紹介する実験農場をつくる。
③ミルク、バター、チーズの実験酪農計画をスタートさせる。
④観光客のための休暇施設を整備。
⑤幼稚園や職業学校を創設。

現在もホテルとして営業を続ける清泉寮。清里は、同寮を中心に教会や診療所、実験農場などが集まる農村のモデルコミュニティとして出発した（KEEP教会提供）

1952（昭和27）年、事業の名称をKEEP（清里教育実験計画）とするとともに、コミュニティ全体に清里農村センターの名をつけた（KEEP教会提供）

1934（昭和9）年、日本で初めてのアメリカンフットボールの試合開催に尽力したラッシュ（KEEP教会提供）

⑥図書館建設や夏のオーケストラコンサートなど地域文化を向上させる。
⑦病院を建設する。
⑧礼拝堂をつくり、精神生活を向上させる。
時に1946（昭和21）年。稲作生産限界を超えた山村で、食料生産のみならず、観光から娯楽までを含んだ計画をラッシュたちは目標に掲げたのである。

不毛の土地を酪農王国に

清里のまちづくりは、まず聖アンデレ教会の建設から始まり、やがてGHQを辞したラッシュは、1949（昭和24）年、募金キャンペーンのためアメリカへ向かう。資金面では母国の民間人の援助を期待するしかなかった。

具体的なビジョンを示すラッシュの訴えに、アメリカでは熱烈な支援者があらわれた。1950（昭和25）年にはシカゴで民間有志が集まり、事業資金を提供するための後援会を設立。後援会の資金により清里に聖ルカ診療所が建つ。次の年には退役将軍ジョン・リーにより農機具などが贈られ高冷地実験農場がスタート。1952（昭和27）年にはジャージー乳牛などが送られてきた。ジャージー乳牛は寒さに強く、そのミルクは乳脂肪率が高い品種である。

やがて、農場での実験からアスパラガス、キャベツ、レタス、ブロッコリーなどの西洋野菜が清里での栽培に適していることが実証された。清里で育った作物は、無償で近県の農家へ配付され、これを契機として、八ヶ岳山麓は高原野菜の一大産地とな

現在の聖アンデレ教会（KEEP協会提供）

っていくのである。

　１９５３（昭和28）年にはクリーム工場が、１９５６（昭和31）年には聖ヨハネ保育園がスタート。１９５４（昭和29）年には第1回の「カウンティ・フェア」が開かれた。カウンティ・フェアとは収穫物や家畜の生育を競い合い、最新の農業機具、技術を展示する博覧会であり、村人が楽しみにする祭りとなっていった。ラッシュの事業に献金した米国人のなかには、やがて巡礼団を組織してフェアに参加する者もあった。ラッシュたちが思い描いた計画は一つずつ実現されていった。

　清里の成功は、開墾不可能といわれていた高冷地の可能性を全国に示した点である。日本の農業史を飾る輝かしい1ページといえるが、今日、その業績は意外に知られていない。

　ラッシュは晩年まで清里で過ごし、１９７９（昭和54）年、82歳で息を引き取った。蓄財もなく、清里のまちづくりに情熱を捧げた一生であった。

主な参考文献
『清里の父ポール・ラッシュ伝』（山梨日日新聞社編／ユニバース出版社）
『１９３４フットボール元年―父ポール・ラッシュの真実』（井尻俊之・白石孝次著／ベースボール・マガジン社）

文・昌子住江　関東学院大学工学部教授

「新宿歌舞伎町」を誕生させた都市プランナー

石川栄耀

いしかわ・ひであき　１８９３〜１９５５。１９４３年に東京都技師となり、以後計画課長、道路課長などを歴任。１９４６年に「新首都建設の構想」を発表し、戦後の首都圏計画を主導した。東京・新宿「歌舞伎町」の命名者。

歌舞伎町というまち

新宿歌舞伎町といえば東京を代表する盛り場の一つである。映画館や劇場とともに風俗営業の店も立ち並んで、文化的な雰囲気と猥雑な空気が共存する不思議なまちである。

そんなまちが、なぜ「歌舞伎」の名を冠しているのか、いぶかる向きもあるかもしれない。ここは戦後の都市計画で誕生したまちであり、地元の人々と都市計画技術者の創意と努力によってつくり出されたまちであった。それは復興東京を印象づけるものとして、現在の姿とは違ったかたちで構想されていた。

地元にあって構想したのが当時町会長をしていた鈴木喜兵衛、東京都の都市計画課長としてその構想にかたちを与え、歌舞伎町と命名したのが石川栄耀であった。

歌舞伎町の誕生

現在の歌舞伎町1丁目には、かつて角筈《つのはず》1丁目北町会があった。戦前の世帯数約920。履物屋、ペンキ屋、ブリキ屋、米屋、酒屋、質屋といった店が並ぶごく普通のまちであった。

1945（昭和20）年4月13日の空襲で焼け野原になったが、戦争が終わると、当時町会長を務めていた鈴木喜兵衛はここに「道義的繁華街」をつくろうと動き始めた。同年8月23日にはもう「復興計画趣意書」を町会員に送付している。そして復興協力会という任意団体を組織し、借地権を一本にまとめるとともに、区画整理後にこれを再配分して共同住宅を建てようと地主たちの承諾を取りつけ、同年10月の半ばには東京都の都市計画課に相談を持ちかけたのであった。

当時の都市計画課長・石川栄耀は、東京の戦災復興計画が進まないのに苦慮していた。そこへ新宿角筈で集団的な建設計画をしたいとの提案が持ち込まれたのである。石川はの

石川栄耀

ちに「正に旱天《かんてん》の夕立ちであった。『此れあるかな』と云うわけで、我々は大計画そっちのけで、此れに興味をもってしまった」と書いている。鈴木喜兵衛と石川栄耀の合作として構想された初期の計画は、まちの北部にあった旧制東京府立第五高等女学校跡地などを中心に広場をつくり、その周辺に劇場、映画館などが並ぶ一大アミューズメントセンターを立ち上げようというものであった。その中心には新しい歌舞伎座を建設しようと考えた。そして石川は請われるままにこのまちを「歌舞伎町」と名づけた。

しかし歌舞伎座はできなかった。大規模建築に対する国の建築統制により、一時棚上げとなったからである。結局ここには新宿コマ劇場が建設された。紆余曲折はあったものの地球座、オデヲン座などの映画館と噴水のある広場を持った新しいまちが誕生したのである。

石川栄耀という人

石川栄耀は、日本の近代都市計画に大きな足跡を残した人物である。

当初の構想どおりでなかったとはいえ、歌舞伎町にはある意味で石川の都市計画に対する思いが込められている。そこで、まず石川栄耀の生涯と都市計画観をたどることとしよう。

石川栄耀は1893（明治26）年山形県尾花沢市に生まれた。後年の石川は江戸趣味を理解し、落語好きでべらんめえ口調のところから、知らぬ人は「江戸っ子」と信じて疑わなかったようである。

旧制盛岡中学から旧制二高へと進んだが、都市へのあるいは都市計画への関心はこの中学時代に芽生えたといっている。東京帝国大学工科大学土木工学科を卒業してから、１９２０（大正９）年都市計画地方委員会技師として名古屋に赴任した。ここで石川は理論と実践の両面から土地区画整理事業にかかわることとなる。当時の関係者は、「話のうまい人でした。区画整理をしなければならないという気にさせる話術を持っていました」と語る。学生時代、東京にあまたある寄席に通いつめた石川は、都市計画の講演でも人々を笑わせた。戦後「ゆうもあクラブ」（会長・徳川夢声《むせい》）の常務理事となっている。ただおかしいだけでなく「芝浜」のように情景が浮かぶ落語を好んだ。

石川の説得はもちろんユーモアだけではなかった。彼は土地区画整理事業をただ道路と敷地区画の整理に終わらせなかった。その上に立つ住宅や住宅地経営にも気を配った。

「住宅をたてるために住宅展覧会をやり、公園も地元の金でつくり、その代わりこれを活用するため、公園祭りと云うものをやった」とのことである。

名古屋時代に石川は欧米視察をしている。イギリスで当時高名な都市計画家であったレイモンド・アンウィンに会った時、石川が差し出した名古屋の都市計画図を見て「君のプランにはライフがない。水際は市民のライフのリソースだ。そこを全部工業にするようでは工業もわかっていない」と批判される。この言葉は石川に衝撃を与え

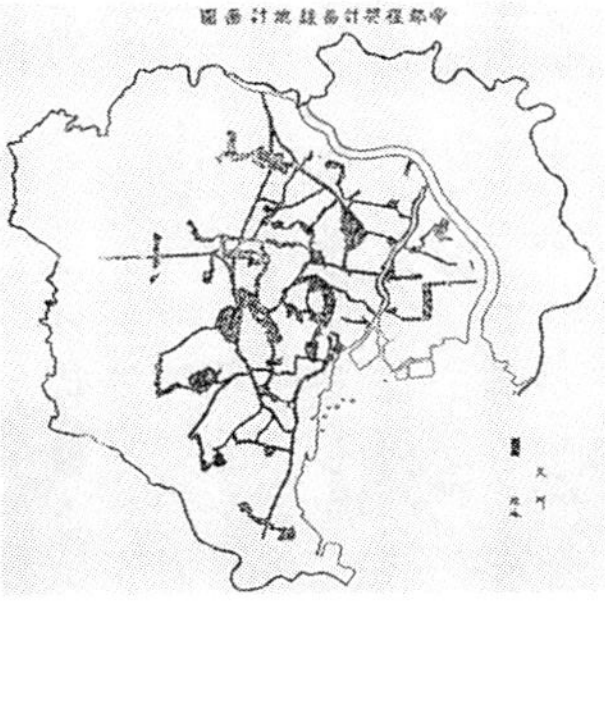

東京の戦災復興における緑地計画図。石川は、復興にあたって緑地計画を重要なものと考えていたが、ほとんど実現されなかった

た。以後水辺の計画が常に意識にのぼるようになる。

名古屋時代には盛り場研究にも着手している。これにも苦い経験があった。ある市で計画案についての地元説明会に出たところ、商店街への配慮が足りなかったために質問に答えられず立ち往生したというのである。このことが大いに研究意欲をかき立てたのだった。

戦災復興計画の立案と挫折

１９３３（昭和８）年石川は東京へ戻った。しかしだんだんに戦時色が強まり、都市計画どころではないといった雰囲気になっていく。

そして敗戦。東京の戦災復興計画は、都市計画課長・石川栄耀を中心に立案された。それは区部人口を３５０万人と想定し、外周を緑地地域に指定して膨張を抑制した。市街地内には１００〜80ｍの広幅員街路を含む環状放射状の街路網と、水辺あるいは鉄道や幹線道路などに沿った緑地帯が縦横に伸びていた。

しかしながらこれらはほとんど実現しなかった。１９４９（昭和24）年、戦後のインフレを抑えるためのドッジラインと呼ばれる経済安定政策のもとで、超緊縮財政を余儀なくされたこと、そして特に東京の復興計画における予算削減が大幅であったことが大きな要因であった。また、農地解放による郊外地の土地所有者との軋轢《あつれき》も大きかった。土地利用を大幅に制限する緑地地域は激しい反対にさらされた。そのうえ、戦災の瓦礫《がれき》の始末で都市河川を埋めなければならなかったことは、石川にとって痛恨事であった。

歌舞伎町建設の意義

このような挫折のなかで、実現した歌舞伎町の計画は異彩を放っていた。石川は「我々の考え方により、広場を持ち此れを芸能館で囲む新形式のものにし様と云う事になった」と書いている。石川は、中心広場の設置とこれを囲む道路と建物設計を盛り場計画の重要事項としていた。実は戦時中に検討を進めていた「帝都改造計画要綱（案）」には、「町会の区画を基礎とし、公園、広場、公共施設を配置する」という地区の細部計画があった。歌舞伎町の計画にはこうした背景が存在したのである。

１９５１（昭和26）年東京都を辞した石川は早稲田大学教授となり、後進の指導に情熱を燃やした。また請われれば全国どこへでも技術指導や、一般向けの講演に出向いた。当時アメリカの施政権下にあった沖縄にも渡航している。そこには、緊縮財政が背景にあったとはいえ、東京の復興計画が結局は市民の支持を得られなかったことが影響していたであろう。石川は都市計画家がもっと地元へ行き、わかりやすい言葉で都市計画を語るべきだと考えていた。

また、次代を担う子供たちにも期待していた。この時期『世界首都ものがたり』（筑摩書房）など子供向けの都市計画の本を何冊か書いている。それらの本は、現在読んでも少しも古さを感じさせない。ただこうした東奔西走の日々は、石川の健康を蝕んでいた。１９５５（昭和30）年講演旅行中に体調を崩し、帰京後入院したものの

現在の歌舞伎町

回復せず享年62歳で亡くなった。

石川は都市計画の講義のなかで、歌舞伎町の広場に立ってまちの雰囲気を味わってほしいと語ったそうである。今は喧噪のなかにあっても、ここにかかわった人々の理想が伝わる場所であることを願っている。

文・福井勝義　京都大学大学院人間・環境学研究科教授

原生林「芦生ブランド」を守り生かした森の智者

井栗　登

いぐり・のぼる　１９３２〜１９９９。西日本随一の原生林として名高い京都府美山町の「芦生の森」の資源を活用しながら、芦生なめこ生産組合を運営。なめこ以外に山菜加工品や観光業も「芦生ブランド」として定着させ、全国の村おこし運動の手本となった。

生態学のメッカ「芦生」

京都府美山町は、福井・滋賀の2県と接した地域であり、「京都の屋根」と呼ばれる折り重なった山々の間に位置する。そこは、日本海にそそぐ由良《ゆら》川の源流地帯である。標高１０００ｍ近くの山々がいくえにも重なっている。芦生《あしゅう》はそのなかでも、さらに奥深い、99％が森林という人口約70人のひそやかな山村である。

しかしながら、この芦生という地名は西日本随一の原生林として、生態学のメッカになっている。ブナを中心としたおよそ９００種の植物、ツキノワグマ、カモシカ、ヤマネなど実に多くの生き物が生息している。この原生林にあこがれて訪れる人は、跡を絶たない。彼らは、この村に若者が多いことに驚くという。この芦生を囲む広大な自然とそのなかで暮らしてきた集落との関係を見守り、さまざまな問題や情報を外へ向けて発信してきた人が、1999（平成11）年の春亡くなった。井栗登である。

手探りの産業開発

戦後の混乱も冷めない1949（昭和24）年、各地を襲ったヘスター（ジェーン）台風は芦生の村を河原に変えた。田畑はもちろん、家屋にも積もった1mの土砂は、山あいの村を離れようとする風潮に拍車をかける。さらに1951（昭和26）年ルース台風も追い打ちをかけ、この時期に村の戸数は30戸から13戸にまで減少したが、20世紀末には18戸に増えた。井栗氏の家は、由良川の最上流にポツンと残った。

彼は1932（昭和7）年3月25日、芦生より下流の村で生まれた。近くの府立高校を卒業し、地元の高校で事務、中学で代用教員などを数年勤めたのち、夫人（恵美代）の実家である井栗家に入り、芦生の森と向かい合うようになる。

その頃の生活は、林業や炭焼きを主とし、冬は狩猟といったものが主流であった。しかし、昭和30年代から燃料革命、40年代から外材の輸入開始、と次第に下降していく。これらの産業に見切りをつけた井栗は、他村よりも早い時期から新しい村内産業を求めた。マンガン掘り、トロッコ作業など、昭和30年代に行われた数々の試行錯誤の一つがなめこ栽培である。

炭焼きに使わなくなった雑木を転用したなめこ栽培は、オガクズによる栽培より味

もやに覆われた芦生の原生林。由良川もここに源流を発する（撮影：福井勝義）

が優れる。湿度が高く、高冷な気候の芦生の森で自生していたことからも目をつけたのだが、成功までの道のりは長く険しいものであった。

関西では生なめこの需要が小さいこと、また保存がきかないことなどが、道路網や施設の不備と重なり、立ち上げのメンバーも一人二人と減っていった。そのなかで彼らは、林業構造事業を利用して、なめこ栽培の先進である福島県へ40日間の研修に出かけていく。そこで持ち帰った技術が製缶加工であり、ここで事業は急展開を迎える。1966（昭和41）年、加工場建設とともに、山菜加工にも手を広げた「芦生なめこ生産組合」は、3年で10倍の売り上げという快挙をなし遂げる。こうして、地元住民の雇用として十分な規模に成長した芦生なめこ生産組合からは、次々と「芦生ブランド」が発信されていくようになる。

井栗登（左端）。同僚の猟師仲間とともに

村おこしの手本となるまで

産業開発は村を活性化させていく。UターンやIターンも始まり、地元の子供たちばかりでなく、京都の大学を卒業した若者もやってくるようになった。それに見合うように、冬の除雪作業や町営バス運行の受託など生活を向上させ、組合員住宅整備は二度にわたって行われている。

また、外に向けたPRを絶やさないところが、芦生の特徴といえる。美浜町農業協同組合、全国生活協同組合連合会などとの業務提携や商品開発はもちろん、通信販売や、各地の農林業イベントにも積極的に顔を出すなど、そのネットワークを全国的に広げてきた。演習林の廃材利用から始まった木工部は、京大教官の提案で行われるなど、この頃から芦生にかかわる人間が増えていく。京都大学で発足した「芦生ゼミ」の学生らを井栗は酒で激励したという。

各地方の土産屋から製品加工の受注も取るようになり、味付けからパック包装まで行う一方で、「芦生」のラベルがついた商品には国内産の材料しか使わないといった誇りを持つ。芦生は、廃村すら秒読みだった時期から遠く離れ、新しい道を模索している。

このように80年代半ばには、独自のスタイルを熟成していた芦生は、他の自治体から注目を浴びるようになった。90年代にふるさと創生一億円事業が始まると、芦生は村おこしの手本となり、各地の山村から見学者が3ヵ月にわたって訪れた。住民が「競合相手を増やしてしまった」と苦笑するほどに、見学者は芦生の道の真似をしたくなる。しかし、彼らが「芦生」というブランドにこだわり続けている背景には、原生林というバックに対する信頼がある。

「芦生」の発信するもの

井栗をはじめとする「芦生なめこ生産組合」が、山菜・木工のかたわらで、重点を置くようになった産業が、観光業である。彼らが、「芦生の自然を守り生かす会」を発足し、エコツーリズムを開始したことには、いくつかの契機が考えられる。

まず、その自然の貴重さが脚光を浴びたことが挙げられる。芦生の森は1921（大正10）年に京都大学が演習林として借り受けた後も、営林事業が進まず、約2000haの森林が手つかずのままである。残された日本の原風景にあこがれて、この芦生に年間3万人が足を踏み入れる。ふもとにある「京都府芦生青少年山の家」には、自然保護運動家から卒論準備の学生まで、さまざまな人々が集まる。井栗らは、こうした客にいくつものツアーを組んで森を案内しながら、保護と利用という二つの側面から「守り生かす」ことの難しさを語っていた。

彼らの生活自体は、自然を保護するものではない。むしろ利用しているものだ、という。山の幸をふんだんに加工し、ツーリズムは、町で米につぐ産業にまで発展している。また、ダム建設、演習林としての制約などさまざまな局面に立たされながらも、芦生は芦生の道を見つけるだろう。そして、そのためには、まず人と人、人と森が話し合わなければならない。彼は、積極的に議論の場をもち、惜しむことなく芦生の名を広めてきた。

井栗登の死は通い慣れた道からの転落だった。突風にあおられた彼は、芦生の森に包まれて67歳の生涯を閉じた。その日も彼は、会の今後を模索していた、という。まだまだ、これからが――。誰もが振り返る「森の智者」であった。

トロッコ道のそばにある井栗登の墓。石碑らしいものもない質素なつくり

初出誌
「地域開発ニュース」２５０号（１９９６年３月発行）〜２８３号（２００４年10月発行）
＊「地域開発ニュース」は、１９６７（昭和42）年より東京電力が発行する、まちづくりに関するコミュニケーションマガジンです。

まちづくり人国記
パイオニアたちは未来にどう挑んだのか

発行日　二〇〇五年四月二十五日　初版第一刷
編　者　「地域開発ニュース」編集部
発行人　仙道 弘生
発行所　株式会社　水曜社
〒160-0022 東京都新宿区新宿一―一四―一二
電　話　〇三―三三五一―八七六八
ファックス　〇三―五三六二―七二七九
www.bookdom.net/suiyosha/
制　作　株式会社　青丹社
印　刷　中央精版印刷　株式会社
装　幀　西口 雄太郎

ISBN4-88065-138-9　C0036